"互联网十"视角下大学生创新创业基础与实践研究

范 磊 范 晶 林海河 著

中国纺织出版社有限公司

图书在版编目（CIP）数据

"互联网＋"视角下大学生创新创业基础与实践研究／范磊，范晶，林海河著 . —北京：中国纺织出版社有限公司，2024.6.— ISBN 978-7-5229-1918-8

Ⅰ .G647.38

中国国家版本馆 CIP 数据核字第 2024YM5867 号

责任编辑：张　宏　　责任校对：王花妮　　责任印制：储志伟

中国纺织出版社有限公司出版发行
地址：北京市朝阳区百子湾东里 A407 号楼　邮政编码：100124
销售电话：010—67004422　传真：010—87155801
http://www.c-textilep.com
中国纺织出版社天猫旗舰店
官方微博 http://weibo.com/2119887771
北京虎彩文化传播有限公司印刷　各地新华书店经销
2024 年 6 月第 1 版第 1 次印刷
开本：710×1000　1/16　印张：13.5
字数：172 千字　定价：98.00 元

前　言

在经济转型升级和创新驱动发展的背景下,创新创业已经成为时代的主题和国家的战略决策。大学生是大众创业、万众创新的主力军,高校创新创业教育的水平和成效,不仅关乎高等教育的发展和人才培养质量的提高,更关乎国家战略目标的实现。"互联网＋"是新一轮技术革命的产物,其背后的技术支撑是以移动互联(物联网、万联网)、云计算、大数据及人工智能为代表的新一代信息通信技术(ICT)。在"互联网＋"时代,如何通过新兴 ICT 与医疗、教育等领域的融合创新,提高大学生"互联网＋"创新创业的基本技能,发展壮大新兴业态,打造新的产业增长点,已成为大家共同关注的热点。

本书共分为六章,第一章为创新人才的基本素质与思维训练,介绍了创新人才的特质,创新精神、创新意识与创新能力,创新思维模式与方法;第二章为"互联网＋"的产生与发展,介绍了"互联网＋"概念提出的背景、内涵与特征、发展趋势;第三章为创新创业教育的域外经验,介绍了美国、英国、德国、法国的创新创业教育,国外创新创业教育的启示;第四章为"互联网＋"时代高校创新创业教育教学与师资体系的构建;第五章为"互联网＋"背景下我国创新创业教育的实践,介绍了我国高校创新创业教育的优势、局限与突破;第六章为"互联网＋"创新创业案例,介绍了"互联网＋医疗"创新创业、"互联网＋教育"创新创业和"互联网＋环保"创新创业。

本书参考同类教材、著作和期刊等相关资料,特作说明并致谢。同时,由于编者水平有限,书中难免存在不足之处,恳请同行专家和广大师生给予指正。

范　磊

2023 年 11 月

目 录

第一章

创新人才的基本素质与思维训练

第一节　创新人才的特质

创新是人的主观能动性的高级表现形式,是人类特有的认识能力和实践能力,是推动民族进步和社会发展的不竭动力。创新是知识经济时代的呼唤,是人类知识产生的原动力。一个人、一个民族、一个国家要想走在时代前列,就一刻也不能没有创新思维,一刻也不能停止创新。

要想成为真正的创新型人才,首先必须学习有关创新知识,具备创新人才应具备的基本素质。

一、创新概述

(一)创新概念

何为创新?许多研究者对创新进行了界定,代表性的观点有如下几种:

①创新是运用知识或相关信息创造和引进某种新事物的过程。

②创新是对一个组织或相关环境新变化的接受。

③创新是开发一种新事物的过程。这一过程从发现潜在的需要开始,经历新事物的技术可行性分析、检验阶段,直到新事物被广泛

应用为止。

④创新是指新事物本身,具体来说,就是指被相关使用部门认定的任何一种新的思想、新的实践或新的制造物。

综合上述观点,我们认为,创新是人类为了满足一定的目的而遵循事物发展的规律,调动已知信息,不断拓展对客观世界及其自身的认知与行为,从而产生有价值的新思想、新举措、新事物的活动。创新通常包括技术创新、产品创新、过程创新、方法创新、管理创新、制度创新、政策创新、观念创新等,范围非常广泛,可以说各种能提高资源配置效率的新活动都是创新。

创新的本质是突破,是打破思维定式,以有别于常规或常人的思路为导向,利用现有的知识和物质条件,对事物的整体或部分进行改进、变革,产生某种新颖、独特、有社会价值的新概念、新设想、新理论、新技术、新工艺、新产品等新成果的智力活动过程。

创新很大程度上受具体社会历史条件的制约。创新的目的是满足新的社会需求,以提高人们的物质和精神生活水平为出发点。因此,人们的创新活动和产生的创造成果,应为人类进步和社会发展服务,必须考虑社会效果。

(二)创新的意义

首先,创新是民族进步的灵魂、国家兴旺发达的不竭动力,是一个国家和民族解决自身生存、发展问题能力大小的最客观和最重要的标志。今天,创新能力实际成为国家、民族发展能力的代名词。

其次,创新不断促进社会的多种因素发生变化,推动人类社会的全面进步。创新意识根源于社会生产方式,它的形成和发展必然进一步推动社会生产方式的进步,从而带动经济的飞速发展,促进上层建筑的进步。

最后,创新是一个现代人必须具备的素质。社会需要充满生机和活力,有开拓精神,具备新思想、新知识、新技术的人才。创新促成人才素质结构的变化,确定新的人才标准,代表着人才素质发展的方向,客观上它将激发人们进一步发挥主动性、创造性,引导人们提升自身综合素质。

二、创新人才的基本特质

(一)创新型人才

所谓创新型人才,就是具有创新意识、创新能力,能够通过自己的创造性劳动取得创新成果,在某一行业、某一领域或某一工作岗位上为社会发展和人类进步做出突出贡献的人才。创新型人才通常富有想象力,具有灵活、开放、好奇的个性和脚踏实地、不畏艰险、勇于攀登的精神。

创新型人才通常具有以下几个特征:

①有很强的好奇心和求知欲望。

②有较强的自我学习与探索的能力。

③在某一领域或某一方面拥有广博而扎实的知识,有较高的专业水平。

④具有良好的道德修养,能够与他人合作或共处。

⑤有健康的体魄和良好的心理素质,能承担艰苦的工作。

(二)创新人才的基本特质

当代社会的创新人才,需要立足现实而又面向未来。因此,创新人才通常应该具备以下几个方面的特质:

1. 博、专结合的知识结构

创新是对已有知识的发展,在人类知识越来越丰富和深奥的今天,当代社会对创新型人才的知识结构、把握各方面信息的能力提出了更高的要求。创新型人才拥有的信息量越大、文化素养越高,思路便越开阔。因此,只有具备了广博的知识,敏锐捕捉各类信息,才能在工作中做到心中有数、游刃有余、不断创新。创新人才的知识结构既要有必要的广度,也应有一定的深度。通常,创新型人才必须具有广博而精深的文化内涵,具备深厚而扎实的专业基础知识,了解相邻学科及必要的横向学科知识,必须精通自己所从事的专业并能掌握其最新科学成就和发展趋势,这是从事创造性工作的必要条件。

2.坚韧不拔的创新意志

这是一个人成就一番事业必须具备的基本素质和意志品格。创新是一个探索未知领域和对已知领域进行破旧立新的过程,过程中充满各种阻力和风险,可能遇到重重的困难、挫折甚至失败。人类科学技术发展到今天,获得每一点进步都相当困难。一个人具备了丰富的知识,也选准了可以有所作为的奋斗领域,如果不具备坚韧不拔的创新意志,一旦奋斗过程出现艰难困苦,往往就会心灰意冷、丧失斗志,或止步不前,或无功而返。创新型人才每前进一步都需要非凡的胆识和坚韧不拔的毅力,为了既定的目标必须坚持不懈地进行奋斗,遭到阻挠和诽谤不气馁,遇到挫折和失败不退却,牺牲个人利益也在所不惜,不达目的誓不罢休,不自暴自弃,不轻言放弃。只有具备了这样的创新意志,才能不断战胜创新活动中的各种困难,最终达到理想的创新效果。

3.难能可贵的创新品质

创新品质包括敢于创新的勇气和韧劲、强烈的批判精神、为科学发明忘我拼搏的精神和痴迷专心的态度、淡泊名利的思想境界和甘于长期坚守的精神、独特的思维方式和看问题的个性角度等。创新型人才必须是有理想、有抱负的人,具备良好的献身精神和进取意识、强烈的事业心和历史责任感等可贵的创新品质。只有具备这样的品质,才能够为求真知、求新知而敢闯、敢试、敢冒风险,才能构成创新型人才的强大精神动力。

4.适度超前的创新思维

创新思维是创新的基本前提,创新型人才只有具备思维方式的前瞻性、独创性、灵活性等良好思维品质才能保证在对事物进行分析、综合和判断时做到独辟蹊径。适度超前的创新思维要求创新型人才在思维的高度上有战略眼光,把握全局,从宏观上领略应该做什么,不该做什么;在思维的广度上,要求创新型人才知识丰富、点子多,事前进行调查,了解有关要求;在思维的深度上,要求创新型人才看得远、想得深,避免急功近利;在思维的速度上,要求创新型人才迅速跟上客观形势的变化,要有时间观念,因为超前则时机不成熟,滞后则时机丧失;在思维的力度上,要求创新型人才对传统习惯和思维要有一种"穿透力",不唯上、不唯书,敢于开拓新天地;在思维的密度上,要求创新型人才多问几个"为什么",问题越多、答得越多,解决问题就越精确;在思维的精度上,要求创新型人才所运用的数据、信息都要准确无误,在工作分工合作环节做到严密而周详;在思维的时度上,要求创新型人才把握时机,分阶段确立目标,分段检查验收,全方位思考问题。

5.科学求实的创新实践

科学求实就是要抓住事物的本质和发展规律,创新就是要推动事物朝好的方面实现量变或者质变。科学求实是我们做好一切工作的基础。创新只有建立在科学求实的基础上才能有长久的动力和正确的方向。通过创新,我们才能根据现实实现新的飞跃,推动各项工作的深入开展。创新的过程是遵循科学原则,依据事物的客观规律进行探索的过程,任何一种创新都不能有半点马虎和空想。因此,创新型人才必须具备严谨而求实的工作作风,严格遵循事物发展的客观规律,从实际出发,以科学的态度进行创新实践。

第二节　创新精神、创新意识与创新能力

一、创新精神

创新精神以遵循客观规律为前提,以敢于摒弃旧事物、旧思想,创立新事物、新思想为特征。创新精神是一个国家和民族发展的不

竭动力,也是一个现代人必须具备的基本素质。为实现中华民族伟大复兴的中国梦,我们唯有努力培养自己的创新精神,才能在未来的发展中不断开辟新的天地。

(一)创新精神的内涵

1.创新精神的概念

所谓创新精神,就是要具有能够综合运用已有的知识、技能、信息和方法,提出新方法、新思路的思维能力和进行发明、创造、改革、创新的意志、信心、勇气和智慧。创新精神是进行创新活动必须具备的心理特征,是一种勇于抛弃旧思想旧事物、创立新思想新事物的精神。富有创新精神的人通常不墨守成规,敢于打破原有框架,勇于探索新的方法、新的思路;富有创新精神的人,通常不迷信书本理论,而是根据事实和自己的思考,敢于质疑专家和权威;富有创新精神的人,通常不安于现状,根据实际需要或新的情况敢于不断进行改革和创造;富有创新精神的人,通常能坚持独立思考,说自己的话,走自己的路,追求新颖、独特、与众不同,能灵活地运用已有知识和能力解决问题。所有这些都是创新精神的具体体现。

2.创新精神的内涵

(1)开拓精神

开拓精神是勇于开创新天地、开辟新道路、追求新境界的进取和革新的精神品质的总称。具有开拓精神的人敢于走前人没有走过的路、做前人没有做过的事。开拓精神是科学发展、人类进步的精神动力。创新人才唯有具备这种大胆探索的精神来勇于创新,有所发明、有所创造、有所发展,敢于开辟新的道路,才能在科学、文化、教育、经济等各个领域不满足于步他人的后尘,推动科学不断发展和人类社会不断进步。

(2)首创精神

"现代经营管理之父"亨利·法约尔曾这样说过:"想出一个计划

并保证其成功是一个聪明人最大的快乐之一，这也是人类活动最有力的刺激物之一。这种发明与执行的可能性就是人们所说的首创精神，建议与执行的自主性也都属于首创精神。"因此，首创精神就是敢为天下先，敢于做"第一个吃螃蟹"的人的精神。这种精神是人类活动最重要的激励力量和市场竞争的必然要求，也是创新型人才成功的重要精神动力。具备首创精神，就能够在工作中不断发挥积极性、主动性和创造性。

（3）勇于探索精神

所谓探索精神就是能够主动研究，发现事物联系、规律等的心理倾向。"探"是钻研，"索"是追求，"探索"就是要不懈地去钻研去追求。具备探索精神的人拥有顽强的毅力、强烈的求知欲和拼搏精神，能深入新的领域进行创新。勇于探索的精神是创新精神得以实施的保障，重大的创新成果，都是在怀疑、突破前人或同时代专家的权威见解的基础上，不断探索、创新而取得的。创新型人才必须具有强烈的探索欲望，时刻注意周围的新技术、新工艺发展动态，在工作中勤奋学习，善于思考，勇于实践，才能逐步走向成功。

（二）创新精神的特征

创新精神在本质上是指一个人从事创新活动、产生创新成果、成为创新之人所必须具备的综合素质，具有综合性、关联性和发展性特点。在结构上涉及创新意识、创新思维、创新个性、创新品德、创新美感、创新技法等，这些因素在人的创新精神中扮演不同的角色、发挥不同的作用，共同构成一个整体。

1. 综合性

创新精神是创新意识、创新思维、创新个性、创新品德、创新美感、创新技法等多种因素的集合，不是单一的创新因素，而是具有完整的结构和丰富的内涵。

2. 关联性

所谓关联性，包含两层意思：一是创新精神的外部关联性，主要指的是创新精神的构成因素与创新活动、创新成果、创新主体最直接相关,例如意识、情感、思维、个性、品德、美感等因素。作为一般的因素,其中包含着与创新直接密切相关的成分,这些直接密切相关的成分构成创新精神的因素,并不是所有的意识、情感、思维、个性、品德、美感等都属于创新精神的构成因素。二是创新精神的内部关联性。构成创新精神的各内部因素之间具有相互依存、相互影响、相互促进的关系,在这种相辅相成的关系中,各内部因素统一于一体,构成一个整体。

3.发展性

创新精神虽然与生理遗传密切相关,但不是天生的,特别是音乐、美术、运动等特殊领域的创新精神尤其需要培养和造就。创新精神同创新能力一样,也是不断丰富、发展、更新和与时俱进的。因此,创新精神具有发展性,这一特性为教育培养创新精神提供了可能和前提。

(三)弘扬创新精神

1.努力培养开拓精神

培养开拓精神,需要从品格、胆魄与才识三个方面着手,塑造品格、锻炼胆魄与增高才识齐头并进。首先,着重培养勤奋刻苦和坚韧不拔的品格。开拓创新要求人们具有怀疑精神、求实精神、自信心、好奇心。如果迷信书本和权威,缺少自信,缺乏好奇心,懒散怕苦,不能持之以恒,便无法培养开拓创新的品格。其次,大力培养大无畏的胆略和气魄。要敢说前人没有说过的话、敢走前人没有走过的路、敢创前人没有开创的新事业。最后,提升开拓创新的才智。努力提高创造性思维能力和从经验、事实以及材料中提炼自己思想的能力。

2.培养好奇心

爱因斯坦曾这样说过:"我没有特别的天赋,只有强烈的好奇心。"好奇心是打开万事万物之谜的金钥匙,是一个人取得成功、展示智慧的先决条件。好奇心也是开展创新活动的首要条件,对事物感到好奇,就会加以注意,加强观察并认真思考。因此,创新精神的培养需要不断培养好奇心。

3. 培养怀疑态度

创新是对旧知识的扬弃,是对错误的否定。在日常工作与学习过程中,要有意识地持怀疑态度去阅读权威著作和思考问题,敢于向权威挑战。书本上的知识往往是过时的,它是过去一段时间的经验总结,记载的是过去人们对一个事物的思考。在阅读和思考过程中,要敢于提出新观点、新看法,要大胆假设、小心求证。

4. 激发创新精神,培养创造个性

培养创新精神,在专业领域不断创新,是所有创新型人才追求的目标。新时代需要新思维,只有创新才能在竞争中获得优势,取得成功,而对成功的渴望又有助于激发创新精神和培养创造个性。

5. 养成不断创新的习惯

创新无处不在,需要不断进行、永不止步。俗话说得好,习惯成自然。大学生要养成不断创新的习惯。将各个方面的创造力都调动起来,培养精益求精的工作态度与主动求变的意识,做创新的用心人。不断创新的习惯养成需要在日常工作中多学习、多积累,充分利用现代网络技术和成果来创新工作方法并提高工作效率,从身边创新做起,从岗位创新做起,勤于思考、勇于实践,不断挑战自我,追求卓越和成功。

二、创新意识

创新是提升企业竞争力的法宝,同时也是一条充满了风险和挑战的成长之路。尤其在高新技术产业领域,创新被称为一个企业的生存之本和一个品牌的价值核心。创新意识代表着人们奋斗的明确目标和价值指向,是人们产生稳定、持久的创新需要、价值追求和理

性自觉的推动力量。

(一)创新意识的内涵

创新意识是人们根据社会和个体生活发展的需要,激发出创造前所未有事物或观念的动机,并在创造活动中表现出的意向、愿望和设想。

创新意识是人类意识活动中的一种积极的、富有成果性的表现形式,是人们进行创新活动的出发点和内在动力,是唤醒、激励和发挥人的本质力量的重要精神力量,它与创新能力一起,贯穿人类创新活动的整个过程。通常创新意识包括以下四个方面的内容:

1.创新兴趣

兴趣是人们力求探究某种事物和从事某项活动的意识倾向,表现为人们对某件事、某项活动的积极态度和情绪反应,并且使人对感兴趣的事物给予关注。创新兴趣是指对挑战陈规、创造新事物、提出新方法感兴趣,热衷于参加创新活动。

创新兴趣往往与人们的好奇心、求知欲密切联系在一起,这是人的天性。人们总是优先根据自己的兴趣来选择合适的创新内容和方向,创新兴趣引导着人们创新目标的确立、创新能力的开发。对创新的强烈兴趣是人们进行创新活动最重要的心理条件之一。

2.创新动机

动机是激发和维持个体的活动,并使这种活动朝着一定目标发展的内部心理倾向。与其他活动一样,创新活动也是受到动机的驱动而产生的。创新动机是创新行为的动力基础,是指引起和维持个体进行创新活动的内在驱动力,它能推动和激励人们发动和维持创造性活动。

创新动机在创新活动中主要有三方面的功能:

①激活功能。创新动机激发、推动个体产生创新行为,培养创新能力。

②指向功能。创新动机总是使创新活动指向一定的目标和对象。

③维持与调节功能。创新动机一旦引起创新实践,会使人表现出极大的积极性,从而维持创新过程;个体能否坚持或如何做出调整和改变也会受到创新动机的影响和支配。

3.创新情感

创新情感是创新主体对创新活动包括对创新及创新过程涉及的各方面内容的主观体验,它是主体进行创新活动的情感力量,对创新活动的维持和调节起很大的作用。创新活动的主体是有知觉、情感、意志的人,人们在认识世界和改造世界的创新实践中不但认识了周围事物,而且对它们做出评价,产生一定的态度,引起相应的情感体验。

创新活动要在稳定的创新情感支配下才能更好地进行,只有具备正确的创新情感,创新活动才能成功。从创新动机的产生到创新过程的持续,再到创新结果的验证,各个环节无不蕴含着创新主体的情感因素。创新过程需要以创新情感为动力,创新情感还可以为个体提供丰富的创新暗示和创新启迪。因此,创新活动要求创新者拥有丰富、健康的创新情感。

4.创新意志

创新意志是创新主体有意识、有目的、有计划地调节和支配创新活动的心理现象。创新意志是人们在创造中克服困难、冲破阻碍的心理因素。创新是一种意志行为,其特征就是要克服困难,做前人和别人没有做的事,可以说创新意志是创新的支柱。

(二)创新意识的特征

一般来说,创新意识具有以下三个特征:

1.独特新颖性

创新意识或是为了满足新的社会需求,或是用新的方式更好地满足原来的社会需求,创新意识即求新意识。创新意识区别于其他意识的典型特征就是求新求变,离开了独特新颖性就没有创新。创新意识是对现状不满的意识,是不断探索、不断求新求异的意识。创新意识是为了追求更好、更精、更节省、更有效而存在的思维导向。独特新颖是创新意识的主要特征。

2.社会历史性

创新意识以提高人们的物质、精神生活水平需要为出发点,而这种需要很大程度上受具体的社会历史条件制约。在阶级社会里,创新意识受阶级性和道德观制约。人们的创新意识激起的创造活动和产生的创造成果应为人类进步和社会发展服务。创新意识必须考虑社会效果,具有明显的社会历史性。

3.个体差异性

人们的创新意识总是和其社会地位、情感兴趣、文化素质等相联系,这些因素对人们的创新活动起着重大推进作用。每个人的社会地位、情感兴趣、文化素质都会有所不同,因此,对个体创新意识的考察既要考察其社会背景,又要考察其文化素养和志趣动机。创新意识的个体差异性决定了人们的创新意识的可塑性。

(三)创新意识的培养

在培养创新意识的过程中一定要注意树立科学的创新理念,明确创新的真实含义,既要面对现状勇于创新,又要防止把创新当时髦,把创新当成没有实质性新内涵的新提法、新名词;既要着眼于解决现有手段不能解决的问题,又要着眼于用发展的眼光、发展的思维制定解决未来可能出现的新情况、新问题的措施。创新意识的培养要注重以下几个方面:

1.正确理解创新的含义

根据《现代汉语词典》对创新的解释,创新至少包含以下三个方面的内容:

①独创,即创造新的事物,独辟蹊径、善于发现。

②更新,即除旧布新,勇于改革、迎接新事物。

③改变,即使事物变得和原来不一样,形成切合实际的新做法。总之,创新就是继承前人,又不因循守旧;借鉴别人,又有所独创;努力做到有新视角、新思路、新方法,使各项工作更好体现时代性、把握规律性、富于创造性。

2.培育敢于创新的勇气

首先,要敢于担当。在准确把握发展方向的前提下,要有"舍我其谁"的魄力和敢于立军令状的胆识,弘扬"敢想,敢闯,敢于创造,敢为天下先"的精神,坚定奋勇争先的历史责任感和使命感,冲破狭隘思想、大胆实践。其次,要敢于质疑。中国有句格言:常有所疑,勇于破疑。质疑是创新的重要开端,创新鼓励反思和提出问题,有疑惑才会去探索,有探索才会有发现和收获,这是创新成功的关键。最后,要敢于试错,试错是创新成功的法宝。在创新的滚滚洪流中,如果不敢试错,就会白白错过许多发展的机遇。尤其在"互联网＋"的时代背景下,无论是企业还是个人,勇于创新、敢于试错都是通往成功的前提。

3.培养善于创新的思维

创新意识要求我们突破常规思维的局限,以超常规甚至反常规的视角思考问题,提出与众不同的解决方案。首先,创新需要建立科学的思考方法。要努力摆脱经验主义和教条主义的束缚,打破与社会进步和历史发展规律不相吻合的思维方式、行为习惯以及束缚思想发展的陈规陋习。墨守成规、故步自封容易僵化和框定人的思维,使想干事、敢创新的人举步维艰。其次,创新意味着必须有找准自身定位和模式的正确思维,以科学的理念为指导,选择适合自己的创新路径。最后,创新思维的培养需要去粗取精、去伪存真,一些传统的思维方式和做法虽然是阻碍创新的因素,但是人们要善于发现和鉴别它们当中的有益成分,抽丝剥茧,提取有利于创新的成分和养料。

4.正视创新过程中的困难和失败

创新具有不确定性和不稳定性,因此,困难、风险和失败是创新过程中必然的经历。这就要求我们正视困难、接受风险、包容失败,学会从困难中寻找机会,在风险中把握方向,于失败中积累经验。对创新过程中的困难充分做好攻坚克难的思想准备;对创新发展中的失败有足够的包容,营造容忍失败、善待错误的良好氛围,理性对待"改革失败"的责任,让更多的部门和干部"甩开膀子"谋改革、谋创新。

三、创新能力

创新是知识经济的主旋律。作为个体的一种能力,创新能力是现代优秀人才必备的基本素质,创新能力可改变一个人的修养、思想以及命运。当今时代,创新能力已成为高素质人才的核心和灵魂,唯有不断提高自身的创新能力才能取得胜利和成功。哈佛大学校长陆登庭在北大讲坛上说:"在迈向新世纪的过程中,一种最好的教育就是有利于人们具有创新性,使人们变得更善于思考,更有追求的理想和洞察力,成为更完善、更成功的人。"

(一)创新能力及其构成

1.创新能力的概念

创新能力也叫创新力,是指人们在已有的思想、知识和技术的基础上,在各种实践活动中产生和应用新思想、新理论、新方法和新发明的能力。如果将人类的各种能力分级的话,那么创新能力居于各种能力中的最高级别。当今社会的竞争是人才的竞争,而人才竞争的实质是创新能力的竞争。

2.创新能力的构成

(1)发现问题的能力

所谓发现问题的能力,就是一种发现那些让人难以察觉、隐藏在习以为常的现象背后的问题的能力。人的一生会面临许许多多的问题,只有解决这些问题,才能求得自身目标的实现。解决问题的过程一般包含三个阶段:发现问题阶段、分析问题阶段和解决问题阶段。个体在这方面的能力,也由此可以概括为发现问题的能力、分析问题的能力和解决问题的能力。发现问题就是从纷繁复杂的各种表象活动中发现问题出在哪里,产生问题的主要原因是什么。由于发现问题是分析问题、解决问题的前提和基础,所以,发现问题的能力是创新能力的一个极其重要的组成部分。

（2）独创能力

独创能力不仅包括个体的独创能力,也包括团队的独创能力。对个人而言,对问题有独到的见解,找出别人发现不了的问题,解决别人解决不了的困难都需要独创能力。对团队而言,在任何领域的探索创新都是团队独立完成的。创新永远都是独立的,一个人或一个团队只有首先找到前人所没有的新思想、新方法、新技术,开辟新的领域,研发新的成果,才是真正的创新。等到跟随者蜂拥而至,这个创新就失去了新意,需要在新的层次上继续创新。独创能力是创新活动最本质、最重要的核心要素,它反映了一个人或一个团队创新能力的高低。同时,独创能力是人们在创新活动的各个阶段或各个领域都需要具备的最基本能力,无论是在技术产品开发上,还是在生产、管理和营销上,甚至日常生活和学习中,都需要独创能力。因此,独创能力是创新能力的一个重要组成部分。

（3）变通能力

变通能力是指思维迅速地、轻易地从一类对象转变到另一类对象上的能力。它要求人们能够从一种思想转换到另一种思想,或是多角度思考问题,能用不同方式研究问题。具有变通能力的人,一般都能根据客观情况的变化来解决问题,他们的思维灵活,不被条条框框所限制,敢于提出新观点、新方法。

实践表明,不会变通的人不管是在生活上还是在工作中都会有很大的局限性,有可能几年、十几年、几十年都是一成不变。凡是在创新上大有作为的人,都妙思泉涌。创新需要找到不同的应用范畴或新观念,越是能带来新突破的创新,越是需要借助其他领域的知识,吸收外来的思想。由此可见,变通能力非常重要,在当今这个多元化的时代,要跟上时代的脚步,就必须具备多元化的思维,而要具备这种思维就必须努力提升自己的变通能力。

(4)创意能力

在生活、工作等各个方面,人们总能从身边不经意的时刻和地方发掘创意,可以说创意无处不在、无时没有。所谓创意能力,就是创意者在已有知识、理论的基础上充分发挥主观能动性,创造性地提出新思路、新方法、新方案、新模式的能力。简单地说,创意能力就是提出新点子的能力。思路决定出路,能够提出新思路、新意向、新招数,就能够展示出创新的新前景。创意是创新的起点,没有创意就没有创新。创意能力是钻研与灵感的碰撞,天才与勤奋的交织,是创新人才智慧与经验的汇集。

(5)制订方案的能力

创新的设想能否实现,取决于方案的制订和实施。制订方案的能力就是把创新想法转换成具体实施方案的能力。创新的想法如果没有可执行的方案支撑就无法实现其应用价值。创新方案首先要有明确的目标,并通过方案的实施实现目标。其次,创新方案都是前所未有的方案,在实施过程中必然会遇上新问题,所以要设计好解决问题的方法和途径。最后,创新方案要有明确的实施步骤。

创新方案都是前所未有的,具有创新性,往往没有现成的方案可以借鉴,从设想、构思、证明到具体的设计、修改、完善都需要做大量的创新工作,困难甚至失败都是在所难免的,所以,创新方案需要反复修改、完善,甚至设计多套方案以选取最优方案。

(6)评价能力

评价的能力是指通过评审,从多套方案中选择一套最优方案的能力。在创新活动中,需要冲破约束,解放思想,提出大胆的设想、构思和方案。在选择方案时难免遇到某些方案由于技术、经济或社会等问题而不可行的情况,如果不进行评价,就会造成人力、物力、财力的极大浪费,或者造成不良的社会影响。

方案的评价包括三个阶段:初创阶段、实施阶段、结果阶段。初创阶段要从多种方案中选出最优方案,实施阶段往往需要步步评价以确定创新的价值和水平,不断修正创新的方向。结果阶段要认真评价通过方案的实施是否达到了预期效果,还有哪些需要改进的地方。

对应用研究方案而言,主要从技术评价、经济评价和社会评价三个方面进行综合评价,技术评价围绕功能进行,经济评价围绕效益进行,社会评价围绕对社会心理或社会其他方面可能造成的影响进行。

(二)创新能力的开发

作为在完成创新活动时表现出来的心理品质,创新能力的核心是创造性思维。创造性思维与智力相关,但在创新能力的开发和培养中,智力因素只是必要条件而不是充分条件。研究表明,创新能力是能够通过训练、开发得到提升的。

创新能力的开发通常应从以下几个方面着手:

1.增强自主创新意识

自主创新,关键在自主,核心在创新。对自主创新,要克服以下几个误区:一是重创新的过程,轻创新的结果或者创新成果的提升;二是重创新的数量,轻创新的质量;三是重一般的技术创新,轻科技含量高的、核心技术的创新;四是只顾创新,不注重知识产权的保护;五是重引进国外技术,轻国内技术开发,特别是原创性的创新。增强自主创新意识,就是要牢固树立以我为主的思想,以掌握核心技术、发展壮大知识产权储备为宗旨,正确处理各方面关系,有效整合创新资源,全面提高自主创新的能力,保证自主创新取得良好的效果。

2.营造自主创新的环境

自主创新是具有很强外部经济性的活动,仅靠市场很难使创新活动处于社会需求最高水平。因此,必须努力营造有利于自主创新的环境,形成对自主创新的有效激励。具体措施如下:

①进一步完善自主创新的综合服务体系,为大量中小企业提供研究开发、测控等技术服务,优化科技资源配置。

②加大自主创新的资金投入。整合现有的科学发展资金,改进资金使用方式,提高资金使用效率。对技术先进,能形成自主知识产权,产业化前景良好的高新技术企业给予重点支持。

③注重知识产权保护,驱逐假冒伪劣产品,推进技术进步。

④在全社会营造一种人人参与创新、关心创新、保护创新、支持创新的氛围,大力倡导鼓励创新、宽容失败、脚踏实地的创新风尚,弘扬创新精神,增强团队合作意识。

3.提高独立思考能力

提高独立思考能力需要克服三个思想障碍:

①唯书。不是从实际出发,不顾变化了的客观情况,对书本、理论、文件采取先入为主的态度,机械地照搬照用、照抄、照套,习惯于从书本中找答案。

②唯权、唯上。盲目地听上级的、听领导的,不管正确与否,谁有权谁就有理,谁权大谁掌握的真理就多,把上级、领导庸俗化了。

③因循守旧。对新理论、新观念、新事物总持怀疑态度和排斥心理,对陈旧的或过时的东西心存留恋,如此种种都是有害的。因此,需要培养和提高人们独立思考的能力,坚持以批判的态度学习,不盲目迷信权威。读书时要存心诘难作者,不可尽信书上所言。只有经过独立思考的过程,才能吸收有益的知识,并将其变为自己应用的学识,同时养成独立思考的习惯,锻炼独立思考的能力,使自己具备创新型的知识结构。

第三节　创新思维模式与方法

一、创新思维模式

创新思维是人类思维活动中最积极、最活跃和最有成果的一种思维形式。如果人类没有创新思维,也许今天仍生活在茹毛饮血、刀耕火种的蒙昧时代。从钻燧取火到大规模使用火种,从驱赶牲畜到驾驶汽车,从农业经济社会到创意经济时代,从知识短缺到信息爆炸,人类之所以能够一步步走到今天,超越万物,靠的就是创新。

(一)发散思维与收敛思维

1.发散思维

发散思维也叫扩散思维、分散思维,是创造过程中常用的、极为重要的思维方式,它从思考对象出发,向周围的其他事物进行联系思考,实质是由一个信息产生多个信息的思维方式。

发散思维具有四个基本特征:

①流畅性。通过发散思维,在短时间内能连续地表达出多种观念和设想,这是发散思维"量"的指标。在发散思维的进程中,过程流畅,没有阻碍,在短时间内能得到较多的思维结果。

②灵活性。通过发散思维,思路能迅速转换,能变化多端,也可举一反三、触类旁通,从而提出不同凡响的新观念、解决方案,产生超常的构想。灵活性是发散思维"质"的指标。

③独创性。独创性体现的是发散思维成果的新颖、独特和稀有的特点,这是发散思维的灵魂和本质。

④精致性。通过发散思维,能想象、描述事物或事件的具体细节。

2.收敛思维

收敛思维又叫求同思维、聚合思维、集中思维、辐集思维,是一种从众多答案或方案中寻求唯一的正确答案或最佳方案的思维方式。收敛思维始终将思维集中于同一方向，使思维条理化、简明化、逻辑化、规律化。收敛思维与发散思维如同"一个钱币的两面"，是对立的统一，具有互补性。

收敛思维的主要特征有：

①封闭性。如果说发散思维的思考方向是以问题为原点指向四面八方的，具有开放性，那么收敛思维则是把许多发散思维的结果由四面八方集合起来，选择一个合理的答案，具有封闭性。

②连续性。发散思维是一种跳跃式的思维方式，从一个设想到另一个设想，可以没有任何联系，具有间断性。收敛思维的进行方式则相反，是一环扣一环的，具有较强的连续性。

③求实性。收敛思维对发散思维产生的设想或方案进行筛选，被选择出来的设想或方案按照实用的标准来决定取舍，确保切实可行，因此，收敛思维具有较强的求实性。

(二)逆向思维与灵感思维

1. 逆向思维

逆向思维也叫求异思维，它是为解决某一常规思路难以解决的问题并实现创新和突破而采取反向思维寻求解决问题的方法。逆向思维对司空见惯的、似乎已成定论的事物或观点反过来思考，通过反其道而思之，让思维向对立的方向发展，从问题的相反面深入地进行探索，并寻求解决办法。有人落水，常规的思维模式是"救人离水"，而司马光面对紧急险情，运用了逆向思维，果断地用石头把缸砸破，选择"让水离人"而救了小伙伴的性命。

逆向思维的特征是：

①批判性。逆向思维是对传统、惯例、常识的反叛，是对常规的挑战。它能够克服思维定式，破除由经验和习惯造成的僵化的认识模式。

②新颖性。逆向思维克服了习惯性思维障碍,结果往往出人意料,给人以耳目一新的感觉。

③普遍性。逆向思维应用非常广泛,在各种活动、各个领域中都有其适用性。

2.灵感思维

灵感思维是凭借直觉而进行的快速、顿悟的思维,它不是一种简单逻辑或非逻辑的单向思维运动,而是逻辑性与非逻辑性相统一的理性思维整体过程。现代科学研究表明,灵感是大脑的一种特殊技能,是思维发展到高级阶段的产物,是人脑的一种高级的感知能力。

钱学森曾经指出:"但我认为即便是现在也不能以为思维就只有逻辑思维和形象思维这两类,还有一类可称为灵感,也就是人在科学或文艺创作的高潮,突然出现的、稍纵即逝的短暂思维过程。它不是逻辑思维,也不是形象思维,这后两种思维持续的时间都很长,以致人说废寝忘食。而灵感思维却为时极短,几秒甚至仅一秒而已……总之,灵感是又一种人可以控制的大脑活动、又一种思维,也是有规律的。"

灵感思维是人们在文艺创作、科学研究中创造力突然得到超水平发挥的一种特定心理状态。因此,灵感不是唯心的、神秘的东西,它是客观存在的,是思维的特殊形式,是一种使问题一下子澄清的顿悟。科学史上许多重大难题往往就是靠这种灵感的顿悟奇迹般地得到了解决。

灵感思维的特征是:

①突发性。在时间上,它不期而至,突如其来;在效果上,它使人突然领悟,意想不到。灵感往往是在出其不意的刹那间出现,使长期苦思冥想的问题突然得以解决。这是灵感思维最突出的特征。

②偶然性。灵感会在什么时间出现,在什么地点出现,或在哪种条件下出现,都使人难以预测且带有很大的偶然性,往往给人以"有心栽花花不开,无心插柳柳成荫"之感。

③模糊性。灵感的产生往往是闪现式的,而且稍纵即逝,它所产生的新线索、新结果使人感到模糊不清。灵感思维所表现出的这些特征从根本上说都是来自它的无意识性。形象思维、抽象思维都是有意识地进行的,而灵感思维则是在无意识中进行的,这是它们的根本区别所在。

(三)联想思维与互联网思维

1. 联想思维

(1)概述

所谓联想思维就是人们通过一种事物的触发而迁移到(想到)另一种事物上的思维。联想思维通常建立在人们丰富的生活经历和内心体验基础之上,对各种不同事物的内部联系进行形象化的类推、联想和重组,是人脑综合思维方式受具体事物激励,从初始感悟跳跃到另一种相关或全然不同的事物上的思维方式。在日常生活中,许多人触景生情、触物生意、触文生感,从而产生联想思维。

联想思维具有如下特征:

①形象性。联想思维属于形象思维的范畴,它的基本操作元素是表象,具有明显的形象性。

②连续性。联想思维最为神奇的地方就在于它的连续性,即由此及彼、连绵不断地进行。

③概括性。联想思维能够把联想到的思维结果呈现出来,可以忽略联想过程中涉及的细节,可以整体把握思维活动,因此也具有很强的概括性。

(2)联想思维的类型

联想思维有以下几种类型:

1)接近联想

接近联想是由于事物空间和时间特征的接近而形成的联想。像月亮和星星、李白和杜甫、电影和电视等。利用接近联想有助于促进人们在时间、空间上联想到比较接近的事物，从而产生新的发明项目或实施新的创业项目。

2）相似联想

相似联想是指由一种事物的外部形状、构造、性质、意义或某种状态与另一种事物类同、近似而引发的联想，其特点是相似而不同质。如由"春天"联想到"繁荣"，由"毁树容易种树难"联想到"毁掉人才容易培养人才难"等。这种联想也可运用到创造发明过程中。

3）对比联想

对比联想也称相反联想，是由某一事物的感知或回忆引起对和它具有相反特点的事物的联想。对比联想既反映事物的共性，又反映事物相对立的个性，其突出的特征就是悖逆性、挑战性、批判性。如由黑暗想到光明，由冬天想到夏天，由黑想到白，由水想到火，由炎热想到寒冷等。

4）因果联想

因果联想是指由于两种事物存在因果关系而引起的联想。这种联想往往是双向的，既可以由起因想到结果，又可以由结果想到起因。因果联想源于人们对事物发展变化结果的经验性判断和想象，触发物和联想物之间存在一定的因果关系。例如澳大利亚甘蔗种植者在收获时意外地发现有一片甘蔗田产量提高了50%，原因何在呢？他们回忆起：在栽甘蔗前一个月，有一些水泥洒落在这片地里，难道这就是甘蔗高产的原因吗？经过反复研究，他们发现正是水泥中的硅酸钙使这片酸性土壤得到了改良，提高了甘蔗产量。于是，他们发明了水泥肥料。

2. 互联网思维

当今社会，人类已经进入移动互联网、大数据、云计算、物联网时代。互联网已经成为现代社会真正的基础设施之一，就像电力和道路一样。互联网不仅可以用作提高效率的工具，它还是构建未来生产方式和生活方式的基础设施。更重要的是，互联网思维应该成为我们一切商业思维的起点。

所谓互联网思维，就是在移动互联网、大数据、云计算等科技不断发展的背景下，对市场、用户、产品、企业价值链乃至整个商业生态进行重新审视的思维方式。

最早提出互联网思维的是百度公司创始人李彦宏。在百度的一个大型活动上，李彦宏与传统产业的老板、企业家探讨发展问题时，首次提到"互联网思维"。他说，我们这些企业家今后要有互联网思维，可能你做的事情不是互联网，但你的思维方式要逐渐从互联网的角度去想问题。互联网时代的思考方式，不仅局限在互联网产品、互联网企业上。现在几年过去了，这种观念已经逐步被越来越多的企业家、甚至企业以外的各行各业、各个领域的人认同。

互联网思维主要包括以下内容：

（1）用户思维

互联网时代是"眼球经济"的时代。只有把用户放在核心位置才能吸引更多眼球。用户思维的核心思想是：满足顾客更多的需求。企业只有站在用户的角度，满足他们更多的需求，流量才能变现，才能创造更多的财富。

用户思维要求在价值链各个环节中都"以用户为中心"来考虑问题。作为厂商，必须从整个价值链的各个环节建立起"以用户为中心"的企业文化，只有深度理解用户才能生存。"以用户为中心，其他一切纷至沓来"是谷歌十大座右铭中的第一条。利润和绩效很重要，但它们只是"以用户为中心"的结果，因为"是顾客决定了企业是什么，因为只有顾客通过其对商品或服务的购买，才使经济资源转化为财富，使物品转化为商品。企业想生产什么并不十分重要，而顾客想买什么，什么是他们的认知价值，才是决定性的。他们决定着企业是什么，企业生产什么，企业是否会兴旺"。

（2）流量思维

在互联网上，用户数量和活跃度的高低确实直接影响互联网产品的成败。因此,流量思维的核心思想是"满足更多顾客的需求"。也就是说客户群体越多越好。于是,免费模式应运而生,因为只有免费,流量才上得快。

流量意味着体量,体量意味着分量。"目光聚集之处,金钱必将追随"。流量即金钱,流量即人口,流量的价值不必多言。运用流量思维要遵循两个法则:一是免费是为了更好地收费;二是坚持到质变的"临界点"。任何一个互联网产品,只要用户活跃数量达到一定程度,就会开始产生质变,从而带来商机或价值。

(3)平台思维

互联网平台思维就是开放、共享、共赢的思维。平台模式最有可能成就产业巨头,全球最大的 100 家企业里,有 60 家企业的主要收入来自平台模式,包括苹果、谷歌等。平台思维要遵循三个法则:一是打造多方共赢的生态圈;二是善用现有平台;三是让企业成为员工的平台,让员工成为真正的"创业者"。

(4)迭代思维

迭代思维有两个基本特点:一是"微"。小处着眼,微创新,要从细微的用户需求入手,贴近用户心理,在用户参与和反馈中逐步改进。"可能你觉得是一个不起眼的点,但是用户可能觉得很重要"。二是"快"。精益创业,快速迭代。"天下武功,唯快不破",只有快速地对消费者需求做出反应,产品才更容易贴近消费者。

企业要以人为核心,反复、循序渐进地开发方法,允许有所不足、不断试错,在持续迭代中完善产品。对传统企业而言,要更具备迭代意识,必须及时、实时地关注消费者的需求,把握需求变化。

(5)简约思维

互联网时代信息爆炸,用户的耐心越来越少。因此,必须在短时间内抓住用户。简约思维要遵循两个法则:一是专注。专注才有力量,才能做到极致。苹果就是典型的例子,1997 年苹果接近破产,史蒂夫·乔布斯回归,砍掉了 70% 产品线,重点开发 4 款产品,使得苹果扭亏为盈,起死回生。二是简约。在产品设计方面,要做减法。外观要简洁,内在的操作流程要简化。Google首页永远都是清爽的界面,苹果、特斯拉汽车的外观也都是这样设计的。

(6)跨界思维

随着互联网和新科技的发展,很多产业的边界变得模糊,互联网企业的触角已无孔不入,如零售、图书、金融、电信、娱乐、交通、媒体等。跨界思维须遵循两个法则:一是携"用户"以令诸侯;二是大胆进行颠覆式创新。一个真正有发展前途的企业,一定是手握用户和数据资源、敢于跨界创新的组织。

(7)极致思维

极致思维,就是把产品、服务和用户体验做到极致,超越用户预期。用极致思维打造极致的产品,有三个方法:一是"需求要抓得准"(痛点、痒点或兴奋点);二是"自己要逼得狠"(做到自己能力的极限);三是"管理要盯得紧"(得产品得天下),服务即营销,为顾客制造惊喜,站在顾客角度提供细致的个性化服务。

(8)社会化思维

社会化商业的核心是网,公司面对的客户以网的形式存在,这将改变企业生产、销售、营销等整个形态。社会化思维要遵循两个法则:一是利用好社会化媒体;二是众包协作。众包是以"蜂群思维"和层级架构为核心的互联网协作模式,要思考如何利用外脑,不用招募便可"天下贤才人吾彀中"。

(9)大数据思维

科学进步越来越多地由数据来推动,海量数据既给数据分析带来了机遇,又构成了新的挑战。大数据往往是利用众多技术和方法,综合源自多个渠道、不同时间的信息而获得的。数据成为人工智能的基础,也成为智能化的基础,数据比流程更重要,数据库、记录数据库都可开发出深层次信息。云计算机可以从数据库、记录数据库中搜索出你是谁,你需要什么,从而推荐给你需要的信息。

大数据思维是新的思维观。大数据思维开启了一次重大的时代转型。用大数据思维方式思考问题、解决问题是当下的企业潮流。

二、创新思维的方法

创新的核心是创新思维,而创新思维最重要的工具就是创新方法。人们在进行具体的创新活动时,为克服各种思维障碍、增加信息刺激、提高思维效率而采用各种创新方法,可达到创造性解决问题的目的。

(一)头脑风暴法

1.概述

头脑风暴法又称智力激励法,是由美国创造学家奥斯本于1939年首次提出、1953年正式发表的一种激发创造性思维的方法。头脑风暴法通过小型会议的组织形式,让所有与会者在自由愉快、畅所欲言的气氛中,自由交换想法或点子,并以此激发创意和灵感,使各种设想在相互碰撞中激起脑海的创造性"风暴",从而解决问题。奥斯本借用"头脑风暴"这个词来说明会议的特点是让与会者敞开思想,让各种设想在相互碰撞中激起脑海的创造性"风暴"。

头脑风暴法作为一种较为民主的议事方式,适用于解决那些比较简单、确定的问题,比如研究产品名称、广告口号、销售方法、产品的多样化以及广告业等需要大量构思、创意的行业。

在群体决策中,群体成员由于心理相互影响,易屈服于权威或大多数人的意见,形成所谓的"群体思维",这就削弱了群体的批判精神和创造力,损害了决策的质量。头脑风暴法利用基本心理机理改变群体决策中容易形成的群体思维,最大限度地保证了个人思维的自由发挥,让与会者受到他人的热情感染,从而激起一系列联想反应,为创造性的发挥、决策质量的提高提供了条件。

在企业中,领导是最主要的决策者。但对领导来说,一个人的智慧和力量,经历和观察问题的视角都是有限的。因此,领导常常会产生一些困惑。如在开展某项活动时,因为领导思维定式的局限,在制定方案时始终跳不出固有的模式,这就给员工以厌烦之感,无法调动大家的激情,活动效果也因此而显得一般化。在管理工作中,领导往往会遇到一些棘手的问题,常常是冥思苦想也找不到好的解决办法。这时,就可以听听广大员工的意见,试着使用头脑风暴法来帮助解决一些实际问题,这样既可以集思广益,充分发扬民主,又可以很好地调动全体员工管理的积极性,在一定程度上减少决策失误。头脑风暴法可分为直接头脑风暴法(通常简称为头脑风暴法)和质疑头脑风暴法(也称为反头脑风暴法)。前者在群体决策时尽可能激发创造性,产生尽可能多的设想;后者则是对前者提出的设想、方案逐一质疑,分析其现实可行性的方法。

2. 实施流程

头脑风暴法作为鼓励在小组中进行创造性思维的最常用方法,其通常的实施流程包括以下几个阶段:

(1)准备阶段

相关负责人应事先对所议问题进行研究,弄清问题的实质,找到问题的关键,设定解决问题所要达到的目标。同时确定会议的主题,确定主持人和会议记录人(通常1至2人)以及参会人员,参会者最好由不同专业背景或不同岗位的人组成,一般以5至10人为宜,不宜太多。然后将会议的时间、地点、所要解决的问题、可供参考的资料和设想、需要达到的目标等事宜一并提前通知给与会人员,让大家做好充分准备。

(2)热身阶段

主持人应营造一种宽松、祥和、自由的氛围,让与会者放松,进入一种无拘无束的状态。宣布会议开始后,主持人先说明会议的主题和议事规则,然后随便谈点轻松、有趣的话题,让与会者思维处于轻松和活跃状态。

(3)导入阶段

通常,会议主持人应简洁、明确、扼要地介绍需要解决的问题。

介绍不应过分详细、周全,以免限制与会者的创新思维,干扰其充分发挥想象力。

(4)畅谈阶段

这是头脑风暴法的创意阶段。为使与会者能够畅所欲言,需要制定一定的规则。这些规则一般应包括:

①每次发言只谈一种见解。

②发表意见时应简单明了。

③只谈自己的想法,不去评论他人发言。

④不私下交谈,以免分散注意力。

⑤不应妨碍他人发言。

会议开始后,主持人应宣布这些规则,引导与会者自由、有序发言,自由想象,自由发挥,彼此相互启发,相互补充,真正做到知无不言、言无不尽、畅所欲言。主持人只主持会议,对每位与会者的发言不做评论。记录员应认真将与会者的每一设想都完整地记录下来,然后将会议发言记录进行整理。

(5)整理阶段

会议结束后的一两天内,由专门人员对与会者进行追踪,询问其会后新的设想,因为经过一段时间的思考,可能会有更有价值的设想产生,也可能会将原来的设想进一步完善。

主持人应尽快组织专人对会议记录进行分类整理、去粗取精,将与会者想法整理成若干个方案,再根据可行性、创新性和可识别性等标准进行筛选。通过反复比较和优中择优,最后确定最佳方案。如已经获得解决问题的满意答案,该次头脑风暴会议就达到了预期目的。倘若还有悬而未决的问题,则可能会召开下一轮的智力激励会加以解决。

(二)思维导图法

1.概述

思维导图也叫脑图、心智地图、脑力激荡图、灵感触发图、概念地图、树状图、树枝图或思维地图。作为一种图像式思维的工具,思维导图用一个中央关键词或想法以辐射线形连接所有的代表字词、想法、任务或其他关联项目的图解方式,是一种图像式思考辅助工具。

思维导图通过将形象思维和抽象思维结合起来,简单而又有效地运用图文并重的技巧把所有的关键信息组织在一张树状的结构图上,而每一个分支都采用不同的色彩和图形以标注各种不同信息和词语,清晰明了地形成一幅幅生动有趣的图画,既轻松又高效,很大程度上改变人们的学习能力和清晰的思维能力,进而改变人的行为能力,提高记忆效果。思维导图能够记录工作和生活中的点滴,广泛地被应用于人们工作、学习和生活中的各个领域、方方面面,如记忆、笔记、创作、演讲、思考、计划、抉择、项目管理、沟通、组织、会议、培训、谈判、面试、评估、分析解决问题等,可以极大地提高效率,增强思考的有效性和准确性,提升注意力和工作、学习兴趣,让我们的工作、生活更有序。

2. 绘制方法

思维导图的绘制方法有手绘和软件绘制两种。用软件绘制思维导图更加方便快捷,而且修改起来更加简单。

互联网上提供了众多的思维导图制作软件,如 Word、PowerPoint 和金山公司的 WPS 等都可以用来绘制思维导图。目前,专门针对思维导图的设计特点而开发的软件也很多,例如 MindManager、iMindMap、XMind、FreeMind、Mindomo 等,大家可以很方便地使用这些软件来绘制思维导图。

不管使用哪种软件绘制思维导图,最根本的是将自己的思维过程进行可视化的展示,把自己的心门打开,提高自己的思维水平,改变自己的思维方式和思考模式。

这里将重点介绍手绘思维导图的方法。

手工绘制思维导图需要使用白纸、橡皮擦、铅笔、钢笔、成套的彩色水笔、涂色笔等工具,具体的绘制步骤如下:

(1)绘主题

在白纸中心画主题中心图,整个思维导图将围绕这个中心主题展开。周围留出足够的空白,以便你的思维向各个方向自由发散,能更自由、更自然地表达自己的想法。

(2)画主干

主干是从中心主题延伸出来的几条分支,是大的分类。主干分类的标准可根据主题性质来确定。通常按照时间、地点、人物、事件、对象、内容等进行分类。一般一个思维导图的主干只按一个标准来分类绘制,主干线条要粗。

(3)画分支

每个主干引出若干分支,每个分支又可延伸出二级分支和三级分支,依次类推。分支线条要细于主干,绘制过程中应及时记录下瞬间闪现的灵感。分支之间应留有适当的空间,以便随时增加内容。分支内容应进行归类整理,寻找它们之间的关系,并且要善于用连线、颜色、图形等表示。不同的分支使用不同的颜色,每条线上注明一个关键词,按照从左到右的方式书写,线条应使用美丽的曲线,不用或尽量少用直线,线条应彼此相连并保持洁净。

(4)绘插图

绘图时尽可能地使用多种颜色,插图最好绘制在最需要记忆或者需要特别提醒的位置,以达到方便记忆、利于提醒的目的。

(三)组合创新法

1.概述

创新通常有两种,一种是突破性创新,另一种就是组合创新。日本创造学家菊池诚说过:"我认为搞发明有两条路,第一条是全新的发现,第二条是把已知原理的事实进行组合。"爱因斯坦也曾说过:"我认为为了满足人类的需要而找出已知装置新组合的人就是发明家。"

组合创新是指按照一定的技术原理,通过重组、合并两个或者多个功能元素,开发出具有全新功能的新材料、新工艺、新产品的创新方法。这种创新方法不同于采用新技术、新原理的突破性创新,它是对已有发明的再开发利用。组合创新既利用原本成熟的技术,又节省了时间和成本,同时更容易被大众接受和推广。例如,随着科技的发展,数码相机不仅比照相机更便携且更智能,不仅能通过蓝牙上传照片到电脑,还能通过 Wi-Fi 分享到社交网络;智能手表不仅可以看时间,还可以打电话、发信息,与手机、私家车进行蓝牙连接等。因此,组合创新需要的不是质的改变,而是通过不断组合、推陈出新、出奇制胜,具有更大的灵活性。

2.组合创新的类型

组合创新的种类很多,大致可归纳为以下六种类型:

(1)功能组合

功能组合是指把用途、功能各不相同的物品组合成一个同时具有多种用途和功能的新产品。瑞士军刀就是刀、钳子、开瓶器等工具的组合;多功能保暖提醒输液手套实际上就是手套、手表、磁铁、电热片的组合;具有按摩功能的梳子就是组合了普通梳子和微型按摩器;按摩型洗脚盆也是在传统洗脚盆的基础上嫁接了按摩的功能。

(2)材料组合

材料组合是指把不同材料进行组合,其目的是尽量避免各种材料本身的缺点,通过优化组合来实现其功能的最大化。远距离电缆线的芯用铜制造,而外层则用铁制造,这种由两种材料组合制成的新电缆既充分发挥了铜的良好导电性能,又利用了铁质地硬、不易下垂的优点,同时还大大降低了成本。

(3)原理组合

把具有相同原理的两种或多种物品组合成一种新产品。例如将几个相同的衣架组合在一起就可构成一个多层挂衣架,分别挂上衣和裤子,从而达到充分利用衣柜空间的目的。

（4）成分组合

成分组合是指把成分不同的物品进行组合产生一种新产品。例如，当下非常流行的各种茶饮品，把柠檬和红茶组合在一起就成了柠檬茶，色彩缤纷的鸡尾酒也是这种创新方式下的产物。

（5）构造组合

构造组合是指把不同结构的物品进行组合以产生新功能。电脑桌就是一种构造组合的产品。房车就是房屋与汽车的组合，它同时解决了外出交通和住宿两大问题，因此自诞生之日起便广受欢迎。

（6）意义组合

意义组合是指通过组合赋予新物品新的意义，其目的并不在于改变其功能。例如，在各种旅游纪念品中，一个普通的葫芦随处可见，但是印上景点的名字和标志就具有纪念意义；文化衫上通过印上旅游景点的标志就变成了具有纪念意义的旅游商品。

第二章

"互联网+"的产生与发展

第一节 "互联网+"概念提出的背景

一、互联网的发展

互联网首先是基础设施,在其基础上利用信息通信技术将众多节点连接起来,进而形成广泛的网络架构。现在的互联网已经不仅是社会的重要基础设施,而且随着网民的不断增加,互联网也发生了巨大变化。互联网正以一种全球化的生存理念冲击着世界,以惊人的力量改变着人类社会的生活方式、人际交往乃至经济模式,网络构建了社会的新形态。互联网成为人们自我表达意愿、信息交流、创新创业、发展经济的重要场所。

(一)互联网完全商业化之前的发展过程

互联网自 1969 年问世至今已有 48 年,但在 1995 年完全商业化之前,也就是在 1969～1995 年,其对网民以及使用的范围与领域都有一定的限制,互联网也没有那么普及。在这段时期不同领域信息交流的需要和信息技术的发展推动了互联网的发展。其中不同领域信息传播交流的需要是互联网发展的重要动力因素,不同的动因推动互联网不断进步与发展。

从这一阶段互联网的发展过程来看,互联网主要因为军事信息传递、科技信息交流、商务信息交流等需要而产生并发展,自 1995 年 4 月 30 日以后,互联网完全商业化,互联网逐步渗透到人类社会生活、学习、工作的方方面面,其应用与影响力也越来越大。虚拟空间与城市空间、网络社会与现实社会相互影响、互相作用,推动人类社会向前发展。

(二)互联网完全商业化以来的发展过程

1995 年互联网完全商业化以后,中国互联网发展大致分以下几个阶段:第一阶段,1995~2003 年,互联网主要是一种社交工具,主要功能是网络新闻、社区、论坛、QQ、微信等。第二阶段,2003~2008 年,互联网主要是一种渠道,是交易平台,百度、阿里巴巴、腾讯等一批互联网企业便在此阶段发展起来,支付宝、B2C(Business to Customer,企业对个人电子商务)、B2B(Business to Business,企业对企业电子商务)、P2P(Peer to Peer,个人对个人)、众筹等得以发展。第三阶段,2008~2013 年,互联网完成了由渠道向基础设施的演进,以"云网端"为主要标志性技术的突破和成熟,使互联网平台迅速崛起,大数据、云计算、物联网、工业 4.0、智慧地球呈快速发展态势。第四阶段,2014 年至今,互联网已经成为人类离不开的生存空间,成为一种新经济范式,以"互联网十"为主要路径,颠覆了传统经济社会的发展方式,形成了新经济模式,并表现出了巨大的发展后劲。

二、经济与社会的发展

互联网从产生到现在已经有几十年的历史了。但在 1995 年之前主要限于学术和专业应用,自 1994 年互联网开始商业化特别是浏览器技术出现后其影响才扩展到全球,我国也从这时开始全面接入互联网。特别是最近 20 多年,人们深切感受到了互联网带来的变化和影响,从窄带到宽带接入、从固定到移动接入,智能手机实现了通信与计算的深度融合,其内置的应用商店软件平台可以开放承接上百万种移动应用,覆盖了人们日常衣食住行的方方面面,智能手机已成为人们随身的数据中心。互联网从收发邮件的联络平台到阅读和下载文件的浏览平台以及以微博和微信为代表的社交平台,使用越来越方便,用户越来越普及。互联网技术及其应用已渗透到社会的各个角落。在今天,互联网的发展走到了一个关键节点,即从面向网民个体的应用到面向企业的拓展,从消费互联网到产业互联网的跃升。"互联网＋"行动计划就是在我国经济与社会发展呈现新常态的背景下提出的,具有促进产业转型升级、刺激消费、促进就业创业以及提升政府治理能力的积极意义。"互联网＋"行动计划受到了社会各界的广泛关注,掀起了信息化与工业化融合的热潮。

在未来,消费互联网将向产业互联网迁徙演进,互联网将重构每一个产业,促进产业升级换代,使所有产业呈现泛互联网化的特征。随着信息通信技术的深入应用,互联网本身带来的创新形态演变与行业新形态相互作用、共同演化,从设计、生产、销售到售后的全流程对传统产业进行改造。可以说,传统产业与互联网是"互联网＋",而不仅仅是"＋互联网"。以"产业＋互联网"的供给方式转变和"互联网＋消费"的需求方式转变将极大地改变经济和社会发展方式。在未来的信息社会,驱动当今社会变革的不仅有无所不在的网络,而且有无所不在的计算、数据、知识,"互联网＋"产生的融合应用是一种"化学反应",将会推动经济社会走向颠覆式创新。

第二节　"互联网＋"的内涵与特征

一、"互联网＋"的基本内涵

(一)"互联网＋"的概念

《"互联网＋"指导意见》认为,"互联网＋"是把互联网的创新成果与经济社会各领域深度融合,推动技术进步、效率提升和组织变革,提升实体经济创新力和生产力,形成更广泛的以互联网为基础设施和实现工具的经济社会发展新形态。

企业界对"互联网＋"也有一些具有代表性的定义。例如,马化腾 2015 年在全国人大议案《关于以"互联网＋"为驱动,推进我国经济社会创新发展的建议》中提出:"互联网＋"是指利用互联网的平台、信息通信技术把互联网和包括传统行业在内的各行各业结合起来,从而在新领域创造一种新生态。

阿里研究院于 2015 年 3 月 12 日发布的《"互联网＋"研究报告》指出,所谓"互联网＋",是指以互联网为主的一整套信息技术(包括移动互联网、云计算、大数据技术等)在经济、社会生活各部门的扩散、应用过程。其在内涵上根本区别于传统意义上的信息化,而且重新定义了信息化。"互联网＋"的本质是传统产业经过互联网改造后的在线化、数据化,其前提是互联网作为一种基础设施的广泛安装。"互联网＋"是一种以互联网为基础设施和实现工具的经济发展新形态,即充分发挥互联网在生产要素配置中的优化和集成作用,将互联网的创新成果深度融合于经济社会各领域之中,提升实体经济的创新力和生产力,形成更广泛的以互联网为基础设施和实现工具的经济发展新形态。它是以信息经济为主流经济模式,是创新 2.0 下的互联网与传统行业融合发展的新形态、新业态。

综合以上多种定义,可以将"互联网＋"概括如下:"互联网＋"是互联网思维进一步实践的成果,把互联网的创新成果与经济社会各领域进行深度融合,是一种将互联网与传统行业有机整合的模式,是利用信息通信技术以及互联网平台让互联网与传统行业进行深度融合,以推动技术进步、效率提升和组织变革,提升实体经济创新力和生产力,形成更广泛的以互联网为基础设施和实现工具的经济社会发展新形态。

(二)正确理解"互联网＋"

通俗地说,"互联网＋"就是"互联网＋各个传统行业",是利用信息通信技术以及互联网平台,让互联网与传统行业进行深度融合,创造新的发展生态。一方面,符号"+"意为加号,即代表着添加与联合。这表明了"互联网+"计划的应用范围为互联网与其他传统产业,它是针对不同产业间发展的一项新计划,应用手段则是通过互联网与传统产业进行联合和深入融合的方式进行;另一方面,"互联网+"作为一个整体概念,其深层意义是通过传统产业的互联网化完成产业升级。

互联网通过将开放、平等、互动等网络特性在传统产业中的运用,通过大数据的分析与整合,厘清供求关系,通过改造传统产业的生产方式、产业结构等内容来增强经济发展动力,提升效益,从而促进国民经济健康有序发展。

正确理解"互联网+",必须对以下四点有清醒的认识:

1. 避免把"互联网+"仅看作一个工具

要正确理解"互联网+",一定要走出狭义的工具论视野,应该把"互联网+"当作生态性的要素来看待。"互联网+"是利用互联网技术与互联网平台,使互联网与传统行业深度融合,协同增效,创造新的价值与新的发展生态。作为一种全新的经济形态,"互联网+"将肩负着优化生产要素配置、改造传统行业业务模式和经营理念、提升实体经济创新力和生产力的历史使命,成为新常态下经济增长的新引擎。

2. 人人"互联网+"的观点

"互联网+"时代的到来,使我们每个人都有一个"互联网+",任何网民的时间、空间、生活、职业、行业、关系等现实世界的一切都与网络世界不可分割地形成一个整体。每个人都可以对"互联网+"做出自己的定义并进行解读。重要的是在"互联网+"这个潮流中,每个人积极拥抱"互联网+",主动适应"互联网+"的改变,主动运用"互联网+"以改变自己、改变社会。

3."互联网＋"不仅是连接,更是跨界融合

"互联网＋"的特质是"跨界融合,连接一切"。如果说连接一切代表了"互联网＋"和这个时代的未来,那么跨界融合是"互联网＋"现在真真切切要发生的事情,

4.用生态、联系的观点看待、解读"互联网＋"

万物皆有联系,"互联网＋"中的"＋"就是联系。"互联网＋"是生态要素,它具有很强的协同性、全局性、系统性。其中"＋"后面可以是教育、医疗、社区,也可以是金融、物流、交通等,但这并不是简单的两者相加,而是利用信息通信技术以及互联网平台,让互联网与传统行业进行深度融合,创造新的发展生态。

"互联网＋"是利用互联网技术与互联网平台,使互联网与传统行业深度融合,协同增效,创造新的价值与新的发展生态。"互联网＋"是围绕着自由开放的互联网思维,对个人生活模式、产业运行模式与社会发展形态的全方位升级。"互联网＋"是着眼于中国工业化尚未完成的实际,用互联互通的机制来改造传统物流、传统金融、传统制造业、传统服务业,推动产业升级。

作为一种全新的经济形态,"互联网＋"将肩负起优化生产要素配置、改造传统行业业务模式和经营理念、提升实体经济创新力和生产力的历史使命,成为新常态下经济增长的新引擎。

二、"互联网＋"的六大特征

学者周苏、王硕苹在《创新思维与方法》一书中指出,为了全面透彻理解"互联网＋"的精髓,必须站在时代的角度去考察和分析,关注"互联网＋"的核心特征。

(一)跨界融合

"＋"本身就是一种跨界、一种变革、一种开放,是一种重塑融合。敢于跨界了,创新的基础才会更坚实;融合协同了,群体智能才会实

现,研发到产业化的路径才会更垂直。融合本身也指身份的融合,如客户转化为投资伙伴参与创新等。融合能提高开放度、增强适应性,而且不会排斥、排异。互联网如果能够融合到每个行业里,那么无论对传统行业还是互联网,应该都是一件好事。

"互联网+×"的跨界融合,"+"要求双方而不是单方的亲和力,可以看作各自的融合性、连接性、契合性、开放性、生态性。互联网给其他产业带来冲击是必然的,而且是不可逆的。跨界思维是一种"普适智慧",不是只有创新时才需要跨界,也不是需要跨界了才去做跨界的准备。

跨界,必须先跨越思维观念之"界";跨界,也应该成为一种行为方式。不管是"互联网+"还是异业跨界,其实考验的都是系统的重组能力,与多元化有本质不同,跨界不是领地的跨界或者行业的延伸,而是组织系统的跨界重组。对于跨界的本质认识,不能停留在所谓的物理边界上,而更多的是企业能否整合内外部资源,同时又打破自己的组织边界和系统结构。这要求企业的系统重组和系统再生能力足够强大。

跨界不仅是对外在商业模式的颠覆,而且是对组织内部系统的颠覆。即使在思维、战略上进行了跨界,如果组织管理各方面没有系统地调整,跨界成功率也不会高。如果不是一个协同的组织、融合的组织,必然不能达到动态调适的效果,那么其创新的动力就会受到阻碍。所以,组织内部一定要动态化、柔性化、协同化,只有形成灵动可变的柔性组织,才能齐力推动外部的跨界。

(二)创新驱动

我们所处的时代,有人称之为信息经济时代、数据经济时代,甚至有人说是创客经济时代、连接经济时代,这一方面说明时代处于动态变化中,另一方面说明这些因素在这个特定阶段越发表现出其重要性和主导性。中国粗放的资源驱动型增长方式早就难以为继,必须转变到创新驱动发展这条正确的道路上来。同时,要敢于打破垄断格局与条框自我设限,破除束缚生产力发展的因素,建立可跨界、可协作、可融合的环境与条件。这正是互联网的特质,用所谓的互联网思维来谋求变革、自我革命,更能发挥创新的力量。

国务院颁布的《关于深化体制机制改革加快实施创新驱动发展战略的若干意见》指出:"把科技创新摆在国家发展全局的核心位置,统筹科技体制改革和经济社会领域改革,统筹推进科技、管理、品牌、组织、商业模式创新,统筹推进军民融合创新,统筹推进引进来与走出去合作创新,实现科技创新、制度创新、开放创新的有机统一和协同发展。"

我国现在处于向创新驱动发展转型的关键时期。我国未来是创意创新创业创造驱动型发展,发展是靠打破机制的藩篱,是靠更多的个人发挥创造精神,是靠协同创新、跨界创新、融合创新,这是"互联网＋"最不应被忽视的"新常态"。

(三)重塑结构

重塑结构从互联网时代就已经开始了。信息革命、全球化、互联网业已打破原有的社会结构、经济结构、关系结构、地缘结构、文化结构。结构被重塑的同时产生了许多要素(如权力、关系、连接、规则和对话方式)的转变。

互联网变迁了关系结构,如用户、伙伴、股东、服务者等身份在一定条件下可以自由切换。互联网改写了地理边界,也改变了原有的游戏规则以及管控模式。商业模式不断被创新,管理逻辑也发生了长足变化。生产者和消费者的权力重心发生了重大迁移,连接、关系越来越成为企业追求的要素之一。监管与控制、流量与屏蔽都有了新的含义与思路。互联网打破了固有的边界,减弱了信息不对称性,信息的民主化、参与的民主化、创造的民主化开始盛行。互联网让社会结构随时面对不确定性,社群分享大行其道。接触点设计、卷进方式设计成为企业管理者的必修课,而注意力、引爆点则成为商业运营和品牌传播中重点关注的要素。

互联网让组织、雇用、合作都被重新定义,互联网 ID 成为个体争相追逐的目标。现实世界与虚拟世界有时会变得分裂又无缝融合,自我雇用、动态自组织、自媒体大行其道,连接的协议有时候完全由个人定义。

互联网降低了整个社会的交易成本,提升了全社会的运营效率。移动互联网催生了持续在线,移动终端成为人的智能器官,随时被连接。用户的需求越来越多地体现在移动互联网上,如通信的需求、信息的需求、传播的需求、娱乐的需求、购物的需求等。互联网还集中了大众智慧,用户可以参与设计、参与创新、参与传播、参与内容创造,如用户对于物流、淘宝购物的评价实际上也是在参与管理。

(四)尊重人性

人性即人类天然具备的基本精神属性,人类社会的一切都是基本人性的映射。尊重人性是互联网最本质的文化。互联网除却冷冰冰的技术性,其力量之强大最根本地来源于对人性最大限度的尊重、对用户体验的敬畏、对人的创造性的重视。例如,分享经济就是透视人性、尊重人性的产物。人性即体验,人性即敬畏,人性即驱动,人性即方向,人性即市场,人性即需求,人性即合作。人性是连接的最小单元、最佳协议、最后逻辑,人性化是连接的归宿,是融合的起点,是存在的理由。小到一次互动,大到一个平台,都要基于人性思考、开发、设计、运营、创新和改进。

创新驱动既是机制的改革,又是体制的重构,必定重塑创新生态、协作生态、创业生态、价值实现规则;是基于人性的另外一层意义上的"开放",由过去的对外开放为主转向对内开放为主,激发内生活力和每一个个体的创造性,从而推动整体开放生态的塑造。

(五)开放生态

生态本身就是开放的。依靠创新、创意、创业驱动,同时要跨界融合、跨界协同,就一定要优化生态,形成开放性的格局。

对企业、行业应优化内部生态,并和外部生态做好对接,形成生态的融合性。更重要的是创新生态,如技术和金融结合的生态,产业和研发进行连接的生态等。未来的商业是无边界的世界。在这一重要前提下,衡量企业跨界能力的一个关键因素,就是开放性、生态性够不够。如果不能以开放的心态去对自己所做的跨界战略进行深刻的洞察,自然无法思考和设计新的商业模式。

只有开放才能融合,实际上这也是跨界思维的核心之一。因为只有在一个开放的生态系统里,跨界才能找到一些和外界其他要素之间的共通点。当然在这个基础上还可以去寻找跨界合作的规则。未来的跨界,一定要把企业的内部生态圈延伸出去,与外部的生态系统进行协同、交互、融合,跨界的力量才能有效地推动创新。

国家积极鼓励大众创业、万众创新的目的就是孵化培育一大批创新型小微企业,并从中培养出能够引领未来经济发展的骨干企业,形成新的产业业态和经济增长点。而达到目标的最重要条件就是创意、创新、创业的生态。构建生态既需要精心设计,又需要发挥要素的连接性和能动性;生态内外必须形成有机信息交换,而不是自我封闭的构筑;要素间交互、分享、融合、协作随时自由发生,同时还要保持独立、个性与尊重。

(六)连接一切

理解"互联网十"一定要把握它和"连接"之间的关系。跨界需要连接,融合需要连接,创新需要连接。连接是一种对话方式、一种存在形态,没有连接就没有"互联网十"、连接的方式、效果、质量、机制决定了连接的广度、深度与持续性。

连接是有层次的,可连接性是有差异的,连接的价值相差很大。连接一切是"互联网十"的目标。连接一切有一些基本要素,包括技术(如互联网、云计算、物联网、大数据技术等)、场景、参与者(人、物、机构、平台、行业、系统)、协议与交互、信任等。在这里,信任作为一个要素的观点很多人未必理解或认同,但它的确是最重要的因素之一。因为互联网让信息不对称降低,连接节点的可替代性提高,只有信任是选择节点或连接器的最好判别因素,信任让"十"成立,让连接的其他要素与信息不会阻塞、迟滞,让某些节点不会被屏蔽。

三、互联网的再认识

2015 年政府工作报告对"互联网＋"的定义:"互联网＋"代表一种新的经济形态,即充分发挥互联网在生产要素配置中的优化和集成作用,将互联网的创新成果深度融合于经济社会各领域之中,提升实体经济的创新力和生产力,形成更广泛的以互联网为基础设施和实现工具的经济发展新形态。"此后,《"互联网＋"指导意见》又进一步指出:"'互联网＋'是把互联网的创新成果与经济社会各领域深度融合,推动技术进步、效率提升和组织变革,提升实体经济创新力和生产力,形成更广泛的以互联网为基础设施和创新要素的经济社会发展新形态。"

比较两个不同的官方版本,新定义去掉了"充分发挥互联网在生产要素配置中的优化和集成作用",增加了"推动技术进步、效率提升和组织变革"。此外,有更重要的两点改变:一是将"以互联网为基础设施和实现工具"改为"以互联网为基础设施和创新要素"。"工具"与"要素"之间的差异非常大,"要素"驱动价值创造,是核心,而"工具"具有很大的可选择弹性。二是将"代表一种新的经济形态""经济发展新形态",改为"经济社会发展新形态",这也是一个非常重要的改变,表明互联网不仅对经济发展产生深远影响,同时对社会发展带来重大影响。因为互联网不仅要＋传统行业,还要＋政务、＋公共服务、＋智慧民生,"互联网＋"也倒逼改革,改进公共服务,优化社会治理。更重要的还来自"互联网＋"对于社会新生态的培育、优化。

第三节 "互联网＋"的发展趋势

一、网络时代与"互联网＋"互动发展趋势

互联网最初表现为社交工具,人们可以通过互联网浏览各种新

闻,登录主题论坛,使用 QQ 等聊天工具进行沟通交流;随后互联网则发展成交易平台,支付宝、B2C、B2B、O2O(Online to Offline,线上线下电子商务)、P2P、众筹乃至比特币的出现,标志着互联网在新时期被赋予了全新的历史使命。互联网作为云网端、大数据、云计算等基础设施打破了传统世界信息与数据在时间、地域、空间上的传播局限,实现了信息与数据的透明化,使得人类可以对互联网产生的大数据进行有效的整合利用。

伴随知识社会的到来,驱动当今社会变革的不仅是无所不在的网络,还有无所不在的计算、无所不在的数据、无所不在的知识。"互联网＋"实际上是创新 2.0 下互联网发展新形态、新业态,是知识社会创新 2.0 推动下的互联网形态演进。新常态作为新引擎,开启了产业互联网时代,"互联网＋"成为新常态的主旋律,具有明显的网络时代与"互联网＋"互动发展的趋势。

二、"互联网＋"催生新常态

新常态是新驱动(新动能)、新要素、新生态、新业态的集成。新驱动即创新驱动发展。"互联网＋"代表一种经济社会发展新形态,它是新常态的重要组成部分,已经成为中国创新发展、可持续发展的关键驱动要素。新常态就是创新驱动发展的新模式、新阶段,就是工业化时代的传统框架逐步被智力资本新框架、新范式所取代,也是重塑社会新生态,特别是创新创业的新生态,它使得创新创业生态化自由生长。

(一)新常态要转换新驱动、新范式

新常态要转换新驱动、新范式,由过去的资源驱动转换为创新驱动,既面临思想的转换,又有机制、体制的变革,还有面对纳入新范式、新轨道的不适应与排异。"互联网＋"为结构的变化、融合的产生、创新的发生提供支撑。

(二)互联网和传统工业行业的融合是未来的制高点

智能制造就是主攻方向,是解决我国制造业由大变强的根本路径。

(三)新常态需要找到新引擎

新常态需要找到新引擎,大众创业、万众创新和增加公共产品、公共服务,这正是实现中国经济提质增效升级的双引擎,双引擎的连接器正是"互联网＋"。

(四)新常态要促进新生态发育

改革开放以来,我国在技术市场、创新市场、知识产权发挥作用。在帮助资本显现威力方面亦步亦趋,但生态系统要素不齐备、衔接不合理、开放性打折扣等问题长期存在,新生态发育任重道远。

(五)"互联网＋"的目标是连接一切

开放是生态的基础。我们要具有影响力、控制力就要塑造我们的连接力,在定位上洞察趋势,占领更重要的节点,体察对方的"人性",提高伙伴的体验,增强各自的信任,增大节点流量和质量,并要牢牢掌握设计游戏规则的话语权。"互联网＋"的跨界、包容、融合、尊重人性、持续创新、动态调适等优势完全可以成为我国与世界对话的一个新的话题、新的价值、新的"连接器"、新的文化力量。

(六)"互联网＋"正在成为新常态的主旋律

"互联网＋"代表一种新的经济形态,即充分发挥互联网在生产要素配置中的优化和集成作用,将互联网的创新成果深度融合于经济社会各领域之中,提升实体经济的创新。简言之,就是利用互联网的平台,利用信息通信技术,把互联网和包括传统行业在内的各行各业结合起来,在新的领域创造一种新的生态。

三、"互联网＋"产生新思维

"互联网＋"带来的不仅有新技术,而且有新思维、新模式。在经济新常态背景下,更需要深度融合"互联网+",突破传统思维模式,建立起新的产业生态系统,创造出更大的社会价值。在这个时期,互联网经济改变了游戏规则,也改变了思维模式。

(一)开放思维

开放是一切的起点,开放是互联网最重要的精神。开放才有生态可言,才有连接性的产生,才有自我变革的勇气和接纳的胸怀。要努力实现以"互联网+"促进新业态、新模式的创新、培育与发展。《"互联网+"指导意见》强调:"营造开放包容的发展环境,将互联网作为生产生活要素共享的重要平台,最大限度优化资源配置,加快形成以开放、共享为特征的经济社会运行新模式。"也就是把互联网作为开放共享的基础,作为优化资源配置、构建开放式创新体系、驱动智慧生活的重要平台。

(二)跨界思维

"互联网+"思维首先是跨界思维,跨界创新是"互联网+"思维的第一要义。跨界可以跨主体、跨区域、跨领域、跨组织、跨平台、跨要素。《"互联网+"指导意见》提出:"引导建立社会各界交流合作的平台,推动跨区域、跨领域的技术成果转移和协同创新。"尊重价值、有效交互、注重体验、放大价值本来就是互联网精神的内涵,各类主体间要加强对彼此的尊重和理解,融合协同探索方面新的连接方式、新的互动模式、新的价值创造路径,再推动行业应用跨界集群。

(三)融合创新思维

《"互联网+"指导意见》指出:"鼓励传统产业树立互联网思维,积极与'互联网+'相结合。推动互联网向经济社会各领域加速渗透,以融合促创新,最大程度汇聚各类市场要素的创新力量,推动融合性新兴产业成为经济发展新动力和新支柱。"

(四)普惠思维

《"互联网+"指导意见》中贯穿普惠意识,全文从两个角度分析了"普惠"：一是目标上让"社会服务进一步便捷普惠"；二是"'互联网＋'普惠金融"行动要"促进互联网金融健康发展，全面提升互联网金融服务能力和普惠水平"，以及"拓宽普惠金融服务范围，为实体经济发展提供有效支撑"。

（五）公平思维

公平主要指：第一，在原则上针对"安全有序"，要求"建立科学有效的市场监管方式，促进市场有序发展，保护公平竞争，防止形成行业垄断和市场壁垒"；第二，谈发展目标针对"社会服务进一步便捷普惠"，要求"社会服务资源配置不断优化，公众享受到更加公平、高效、优质、便捷的服务"；第三，在"'互联网＋'益民服务"中，强调"促进教育公平"；第四，在"保障支撑"之"营造宽松环境"中，对信息企业垄断行为亮起了红灯、进行了预警，指出"完善反垄断法配套规则，进一步加大反垄断法执行力度，严格查处信息领域企业垄断行为，营造互联网公平竞争环境"。新常态下"公平"的新内涵：公平的享受服务机会（如平等接受教育、医疗、数字服务的机会）；公平的进入机会（如国民待遇）；公平的发展机会（如同起点非歧视、公平的竞争机会）等。

四、"互联网＋"的新经济趋势——分享经济

"互联网＋"贯穿于国家的宏观层面和百姓的微观层面，给传统的经济形态注入了新的活力，抓住契机，挖掘互联网经济的潜能，构建新型经济圈，实行高效、精准的定制服务，激发民众参与的热情，这是未来"互联网＋经济"给我们勾勒的蓝图。

"互联网＋"时代经济发展呈现出新的特征与形态。分享经济、信息经济、普惠经济等实际上都是"经济社会发展新形态"的一部分或不同表现形式。

（一）分享经济的定义

对于分享经济，目前还没有一个被普遍认可的定义。分享经济

概念的提出最早出现在 1978 年,但真正发展起来却是近几年的事情。从分享经济的发展历史及其本质来看,可提出一个适应当前情况的较为完整定义,分享经济就是拥有资源(主要是闲置、过剩资源)的机构或个人利用一定的信息技术(现在主要是移动互联技术)平台分享给其他有需求的机构或个人,通过有偿让渡资源使用权给他人,让渡者获取回报,分享者利用分享他人的闲置资源创造价值。其表现形式大致是由第三方(可以是商业机构、组织或者政府)创建以信息技术为基础的市场平台,个体借助这些平台,交换闲置物品,分享自己的知识、经验,或者向企业、某个创新项目筹集资金。从这个定义来看,分享经济的要素有三个:一是资源,特别是剩余、闲置资源;二是分享平台;三是需求。

(二)分享经济的特征

1. 自然人个体成为重要的经济主体

分享经济模式下,在平台上提供商品或服务的商家主体发生了变化,自然人主体越来越多,法人或商户的主体逐渐减少。从经济现象分析看,分享经济的意愿经济成分比较明显,体现在消费者意愿和个性化服务的追求。因此自然人为主的经营主体会越来越多。分享经济基于平台进行分享,参与的主体规模巨大。

社会的基本结构从公司十员工变成了平台十个人。未来每一个人都是一个独立的经济体,既可以独立完成某项任务,也可以依靠协作和组织去执行系统性工程,所以社会既不缺乏细枝末节的耕耘者,也不缺少具备执行浩瀚工程能力的组织和团队。

2. 资源使用权的分享

分享经济的第二特征是资源使用权的分享,并不代表物品或劳动力的售卖交易。如网约车、短租民宿等,只是获取使用权,并不需要拥有资源。

3.以信息技术为平台

分享经济是以信息技术为基础的市场平台,不同类型的个体借助这些平台来实现大规模的分享活动,可利用数据分析技术(如利用大数据、云计算等技术)分享各方的智能匹配。

可以说,分享经济、平台经济、微经济三者是一体的。没有平台,大规模的微主体就无法参与;没有分享,没有大规模的微主体参与,平台也就失去了价值。

分享经济主要包含生活服务(如外卖、快递等)、生产能力(如生产平台或器械分享)、交通出行(如网约车、顺风车等)、知识技能(如知识付费)、房屋住宿(如短租民宿)、医疗分享(如线上问诊平台)、资金分享(如 P2P、众筹)等服务领域。

(三)分享经济创业模式

不同实体可根据自身的资源、借助的平台、条件、用户消费者情况进行创业选择。根据供应方特点和需求方特点,分享经济可以分为以下 5 种模式:

1. C2C(Customer to Customer,个人对个人)模式

C2C 模式,即每个人既可以是供应方,又可以是需求方,通过移动互联技术去中介化,供应方和需求方在移动互联平台上完成分享交易,典型的代表企业有国外的 Uber、Airbnb,国内的滴滴出行、人人车等企业。

2. C2B(Customer to Business,个人对企业)模式

C2B 模式,即供应方是个人,需求方是企业,企业借助社会化的力量运作,通过众包满足临时性的劳动力需求,企业甚至可以不是实体,而是虚拟化运营,国内这种模式的初创企业是猪八戒网等。

3. C2B2C(Customer to Business to Customer)模式

C2B2C 模式,即企业借助移动互联网技术整合碎片化的过剩产

能,通过重新整合、包装提供给有需求的个人。典型的代表企业有途家公寓。

4.B2C 模式

B2C 模式,即"以租代售"模式,当下在汽车行业此种模式较多,传统企业以面向消费者的卖新、卖多为目的转向以提供租赁服务为核心目的,如宝马与 Uber 的合作,以及北京的各种类型以租代购获京牌的企业。

5.B2B 模式

B2B 模式,即供方和需方都是企业。企业和企业之间分享闲置产能、闲置资产、闲置人员,供方可以通过过剩资源的共享来降低企业的经营成本,需方可以非常低的成本来获取企业需要的资源,从而达到双赢的效果。

(四)分享经济的社会作用

分享经济继续保持快速发展,对培育经济发展新动能、引领创新、带动就业等发挥了举足轻重的作用。

1.增加就业创业机会和岗位

分享经济改变了工业化基础上的传统就业方式,创造了庞大的灵活就业机会。分享经济将重塑社会组织,"公司＋员工"将在越来越多的领域被"平台＋个人"替代。分享经济的发展让参与者比较自由地进入或退出社会生产过程,减轻了个人对组织的依赖程度,个人的创新创业潜力将从办公室、流水线的束缚中释放出来。越来越多的个人将不再依附于某个特定的企业或机构,分享经济平台将成为灵活就业、个人创业、社会交往的平台。

2.有利于资源充分利用,进行利益再分配

就业方式的转变带动着利益分配机制有了新调整。"传统经济学中,拥有者与使用者一般是雇佣关系,使用者只是拿工资的劳动

力;但在分享经济中,拥有者与使用者是分成关系"。分享经济使劳动者改变了单纯获取工资的地位,加入剩余价值的分配中来,有利于使分配变得更加公平。

3.有利于国民素质的普遍提高

分享经济的提供方会不断提高完善自己,而使用方因为得到需要的资源,特别是知识信息资源,能够提高个人素质。个人工作正由"被动"走向"主动"。未来社会的总财富是这样创造出来的:人们依靠自身特长,点对点的对接和完成每一个需求,充分融入社会每一个环节,属于主动式创造。这无疑要提高自然人主体的素质和水平。

4.有利于完善社会信用体系

分享经济条件下,对于每个人来说,信用会变得格外重要。未来个人的财富路线如下:行为—能力—信用—人格—财富。在大数据和互联网的帮助下,你的行为推导出了你的信用度,信用度成为你的支点,能力为杠杆,人格为动力,联合撬动的力量范围,就是你的财富值。

第三章

创新创业教育的域外经验

第一节　美国创新创业教育

美国是世界上实行创新创业教育最成功的国家之一。未来学家约翰·奈斯彼特(John Naisbitt)认为,创业是美国经济持续繁荣的基础。管理学大师彼得·德鲁克也指出,创业型就业是美国就业政策成功的核心,是美国经济发展的主要动力之一。

一、美国创新创业教育的发展历程

20世纪60年代左右,美国创新创业教育开始起步。1967年,斯坦福大学和纽约大学开设了MBA创业教育课程体系;1967年,百森商学院在全国开设首个研究生创业管理课程,次年又开设了第一个本科生创业课程;1971年,南加州大学创设了关于创业的工商管理硕士学位。这些都标志着创新创业教育开始在美国萌芽。之后,20世纪70年代石油危机引发了世界范围内严重的经济危机,导致青年失业问题进一步恶化。在这样的背景下,美国认识到创业教育对于解决就业问题的至关重要性,于是开始了创业教育的热潮。"以比尔·盖茨为代表的创业者们揭开了'创业革命'的序幕,这对美国的创新创业教育起到了极大的推动作用。因此,到1979年,有263个中学教育机构开设了创业和小企业课程,但是这个时期大学的创业课程还没有真正建立起来"。

20世纪80年代到20世纪90年代,美国的创业环境逐渐得到改善。这种创业环境的快速发展,首先得益于人们观念的转变,人们开始不把大企业就业作为唯一的选择,转而选择一些发展创新型的小企业。美国的冒险精神也不断被激发,创业不仅被看作少数人的专利,更是中产阶级和底层社会民众创造财富跻身上流社会的重要途径。因此,20世纪70年代以后,美国许多商学院都开设了创业学,并且建立了创业中心。20世纪70年代后期,美国只有50多所学院和大学开设了与创业相关的课程,但到1999年,大约有1 100所大学创建了与创业学和创业有关的课程。美国还拨款设立了国家创业教学基金,这极大地鼓励了学生创业。"在像斯坦福大学和麻省理工学院等知名大学中,许多优秀学生首要的就业目标就是通过创业来实现自我价值。而创业中心除了提供创业教育外,还创办了大量的创业活动,学生在创业导师的带领下加强与外界的联系,提升了把握市场机会和创造财富的能力"。同时,许多学校还创办了创业计划大赛,开始了创业教育从理论向实践的迈进。

20世纪90年代以后,美国的创新创业教育已经走向成熟。这一时期,人们进入了知识经济时代和网络信息时代,美国社会先于其他国家开始进入高新科技与互联网发展的时代,因此面临更多竞争,企业面临的风险也比以往任何时候都大。这就要求在企业转变观念的同时,个人也应该转变就业态度,抱着"创新与企业家的精神"积极主动地就业。同时,人们看到了一些新创企业为社会提供了大量就业机会,因此政府投入了更多的资金鼓励创业。随着电子信息、网络技术等的发展,创业程序得到简化,出现了更多的创业机会。这一时期,已经有超过1 600所院校开设了超过2 200门关于创业的课程,成立了100多个创业中心。同时创新创业教育不再仅是一门选修课,它已经成为许多大学的必修课程,并且已经逐渐发展成为一个贯穿小学、初中、高中、大学直至研究生的学习体系。它的教学内容也不仅只局限于课堂学习，课外实践也成了创业学习的一个重要环节，在专职教师、企业导师的带领下，学生在实践中挖掘创新创业智慧，锻炼创业能力，感悟创新精神。

二、美国创新创业教育的特色

美国在创新创业教育领域最先起步，因此相对来说也做了更多的探索与实践，在创新创业教育中已经形成了自己的特色。

（一）政府重视并形成了良好的创业文化基础和社会保障体系

美国政府自经济危机导致大企业发展衰退以来，一直非常重视中小企业的发展。美国出台了大量的政策法规和规章条例来为学生创新创业保驾护航。例如，"通过民间非营利团体与学校合作对未成年人进行自立教育；美国中小企业管理局对开业前的创业者进行技术支援等，构成了民间组织、教育机构和政府等多层次相结合的体系"。美国商务部在2013年7月发布了《创新与创业型大学：聚集高等教育创新与创业》的报告，明确大学创新创业中的五大核心活动领域，即促进学生创新与创业、鼓励教师创新与创业、支持大学科技成果转换、促进校企合作、参与区域与地方经济发展。这些创业支持制度都以政府为主导，协同社会各方力量，共同支持、保障大学生创业。

学校的大力支持也是形成良好的创业文化环境的关键。美国的高校已经全面开展创新创业教育，从课程设置到创业中心建设，从兼职教师担任指导到专职专家学者、企业家进行创新创业教育，从学校体系中的边缘化到逐步受到重视，都体现了学校创业教育体系的不断完善。

同时，对于创业的资金援助成为政府保障创业的重要方面。美国政府创立了专门的国家创业教育基金；成功的校友企业家也向学校创业中心捐助创业资金，为大学生创业提供更多物质保障；同时，许多社会上的创业者基金会出资鼓励大学生创业。比如，"美国的考夫曼创业流动基金中心、国家独立企业联合会等机构通过提供经费支持创业大赛、鼓励优秀学生、开发创业课程与实践活动等方式对高校的创业教育提供资金和智力支持"。

正是有了这一系列政府主导下的社会保障体系，美国社会才形成了良好的创业文化环境，个人创业成为大学毕业生引以为豪的事情。此外，社会对于创业失败的包容度也很高，不仅有文化上的包容，而且更有物质上的保障，这给创业者打了一剂镇静剂。

(二)前瞻性的创新创业教育理念

前期，美国政府鼓励高校开办创新创业教育课程主要出于功利性的目的，希望通过这样的方式鼓励中小企业在经济危机下能够涌现出来，解决社会就业问题和缓解社会经济下行的压力。但是后来随着创新创业教育的发展，对其内涵与本质的深挖与领悟，让许多美国学者认识到之前的见解是浅显与片面的。因此，美国社会开始注重创业所带来的经济效益之外的收获。大学提出了"为了每一个学生的自由发展"的创新创业教育理念，更加强调创业是为了培养学生探索求知的精神，是对自我意志、能力的塑造。

(三)形成了完整的创新创业教育体系

美国自20世纪90年代开始就已经建立起了较为完善和独具特色的创业教育体系，创业教育课程的覆盖面在不断扩展，课程内容也在不断创新，在课堂学习的同时开始注重课外实践等。创新创业教育从最初小范围地开展到后来覆盖从小学到高中各个年级，已经成为专业领域的必修课程。

美国大学正在为学生提供更多创新创业的课程和计划，许多相关课程也开始融入创业知识，在潜移默化中培养学生的创业精神。当今的美国大学还通过许多特殊的方式增加传统课堂指导，同时把教育机会延伸到课堂之外，开展丰富多彩的第二课堂。比如，美国非常有名的"创业计划"竞赛就通过大学生写创业计划来吸引社会风险投资家投资创办企业的方式来实现学生创新创业的梦想。美国的麻省理工学院（MIT）、斯坦福大学等十多所大学每年都会举办这一大赛，并且每年都会有几十家新企业从这样的赛事中诞生，比如曾经的世界首富比尔·盖茨就是典型的例子。这些从大学创业计划中走出来的企业充满活力且敢于挑战，为美国经济发展注入了活力的同时也是美国社会发展的直接驱动力量。还有美国的"合作计划"项目，主要是指高校与公司、政府单位合作，让学生到社会中进行工作实践，工作的过程就是一个不断提升自己、加强社会融入的过程。这也使学生更加明确了未来是否选择创业、以怎么样的方式创业、怎样实现创业价值等方面内容。

良好的创新创业教育体系中还有非常关键的因素——专兼职的教师队伍，这也是建立好创新创业教育体系的关键。美国的优质教师队伍主要由两个部分组成：一部分是专职教师，很多美国大学商学院的教授曾经都有过丰富的创业经历，从商场中退下来以后又潜心在学校里搞研究，因此他们既有丰富的实战经验，又有精湛的专业理论知识，他们以自身阅历为鲜活素材融入枯燥的理论知识中，在过往的经验教训中引导学生思考创新创业的价值与精神；另一部分是兼职教师，这些教师主要是一些创业成功的企业家、风险投资家、创业部门的政府官员等，他们对于创业比任何人都了解，并且自身又正在经历中，他们以生动形象的案例极大地拓展了教学内容的广度与深度。

三、美国创新创业教育的实践

美国发明了一个改变世界发展进程的工具——互联网，并且在互联网产业的发展中一直居于领先地位。近几十年来，互联网商业化的趋势创造了一个又一个企业营利模式的奇迹。"互联网＋"时代的到来，不仅突破了互联网产业发展模式，更是对传统行业的一次革命性创新。在互联网思维普及的今天，在美国这样一个创业环境宽松、创业门槛较低的国家里,越来越多的创业者依托网络信息技术或者直接将互联网平台的发展作为创业目的而迅速致富,这样的例子在美国硅谷比比皆是,商业模式的创新发展通过互联网效应对经济发展产生不可估量的效益。"以乔布斯、比尔·盖茨为代表的这一代创业者们彻底改变了美国乃至世界经济,创造出了前所未有的价值,推动了整个社会经济、高科技产业和创新体系的蓬勃发展。"美国长盛不衰的创业精神和中小企业生生不息的创业活动都应归功于美国创新创业教育实践,也正是这些实践活动营造了宽松自由的创业氛围,培养了突破创新的创业精神,建构出新时代背景下创新创业的发展蓝图。

(一)创业型大学的构建

知识经济与信息时代的推进使得一场社会各个领域的无声革命得以兴起,教育领域也掀起了深刻变革。在这一时代背景下,美国原本的研究型大学顺应时代、积极变革,迅速向创业型大学转变。美国最先开展创业型大学理论与实践的研究,因此硕果颇丰。对于创业型大学的定义,较有代表性的是亨利·艾兹科维茨和伯顿·克拉克的观点,他们共同强调了大学作为社会的学术性组织,不仅需要自我内在的协调与运转,更应该适应与外部世界的关系,努力创新、变革自身,以此来适应社会现实。在对外适应的过程中,创业型的大学需要有一种内化为学校文化灵魂的创业精神,有把理想、创意转化为现实能力的创业型人才,有将科研成果转化为现实的生产实践能力,同时必须拥有像科技园、孵化园和产业园这样的创业平台等,美国的创业型大学就是在这样的环境中构建、成长起来的。其中最具有代表性的就是麻省理工学院和斯坦福大学。

斯坦福大学的创立者利兰·斯坦福说过:"生活归根到底是指向实用的,你们到此是为了谋求一个有用的职业。"因此,斯坦福大学一直注重学以致用的办学理念,强调将学校中的研究成果转化为现实社会推动经济发展的社会生产力。在这样一个网络信息化的时代中,社会的创业难度系数越来越低,创业渠道也越来越多,但是创业成功的毕竟有限,但斯坦福大学高度宽容失败,它的校训就是"让自由之风劲吹",鼓励学生在自由的环境下勇于尝试、敢于突破。其中,斯坦福还有一项很有特色的学校政策:灵活的休学制度。学生可以在任何时候提出休学要求,一年以后再重返校园。很多同学利用这个机会去创新实践,去创业发现机遇。当然,斯坦福也并不把创办现代化的公司作为唯一的创业教育的理念,它更注重学生将创新创业的理念内化为自己的人生信条。尤其在当下"互联网+"的时代背景下,原有的故步自封的社会理念根本无法在这样一个日日变更的社会中立足,必须具备开拓性、创新性和进取性的自我革新的精神,必须培养企业家精神和综合能力素质,才能在互联网时代生存,这也是斯坦福当下最重要的教育理念。斯坦福大学创新创业实践主要有以下三个模块内容:

第一,与互联网创业紧密结合的创业课程。当下社会的各个领域——经济、政治、法律、文化等都与互联网紧密结合,因此斯坦福大学在各门通识课程中都请了专业领域的创业专家,为学生开设互联网社会中各个专业如何创业的课程。例如,如何利用网络为更多的民众提供法律咨询,如何利用信息技术创造艺术精品等。当然,除了融入通识课程的创业知识教育外,最重要的还有专门性的创业教育课程。在大数据的背景下,最重要的是培养学生精准获取有价值信息的能力,从碎片化的个人意识下培养领导力、全球视野,以及在虚拟社会中培养社会责任心。在新时代中,斯坦福大学开设了21门专业性创业课程,如《投资管理与创业财务》《管理成长型企业》《高科技企业的战略管理》《高技术创业管理》《全球创业营销》等,同时通过案例教学、项目教学、讲座、实践等灵活丰富的创业教育形式为学生提供各种教育资源。

第二,形式多样、优厚的创业政策。比如,上文提到的休学政策,学校允许学生脱离学校到硅谷创办科技企业、互联网企业,同时对于创业的学生给予两年时间,鼓励他们全身心地投入创业中。"不论结果好坏,学生都无须有心理压力,都可以继续回到学校学习。这些宽松的鼓励政策,使得斯坦福大学成了硅谷中最活跃的创业力量"。学校还设立了专门的斯坦福大学技术授权委员会,"专门负责合同的签署和管理,办理学生的专利申请和许可等相关事宜,以此来保证学生的先进科研项目与技术发明能迅速转变为现实的经济利益"。尤其是在互联网、信息技术社会中,保护学生科研成果的任务更具挑战性。同时,信息、数据的快速更新,对于创业而言既是机遇也是挑战。技术授权委员会当下的重要任务就是为创业学生提取、分析有用信息,帮助学生在创业的过程中少走弯路。

第三,丰富的创新创业资源。美国的硅谷是当今电子工业和计算机业的王国,是世界高科技技术创新和发展的开创者。而硅谷与斯坦福大学之间有着特殊的地缘和亲缘关系,在斯坦福流行着这样一句话:"有了昨天的斯坦福,才成就了今天的硅谷。"早在1951年,斯坦福大学的工程学院院长弗雷德里克·特曼决定在校园创办工业园区,将学校的土地租给当时的高科技公司使用,这一决定彻底改变了斯坦福大学的发展格局,也奠定了硅谷的基础,因此可以说硅谷是在斯坦福大学中诞生,没有斯坦福大学就没有硅谷。而如今,"斯坦福大学利用硅谷工业园区高科技企业的实验室、研究站作为学生的实习基地",让学生在世界高新技术的第一线了解市场走向和社会需求,可以说这是世界上任何大学都没有的得天独厚的教学实践机会。学校还会利用资源优势,邀请硅谷的成功创业者为学生进行各种讲座,因此对于斯坦福大学的学生来说,硅谷是上天赐予的聚宝盆,他们比其他学生有更多的优势与机会。同时,斯坦福大学为学生提供了丰富的网络资源。它有两个很有代表性的网站:一个是斯坦福创业网,主要为校内校外的创业者提供交流和互相学习的平台、宣传和组织与创业相关的各种信息和为学生搭建咨询的渠道;另一个是斯坦福创业中心的网站,这个网站为创业教育的教师提供了大量可以教授的资源,有关于创业家个人思想的视频剪辑和播客1 600多个,创业者的切身创业经历和感悟,为教师提供了生动的教学案例和知识。还有就是斯坦福强大的校友网络,它有专门的校友会平台,其中专职人员100多名,主要从事校友资源的维护和联络。那些在各个领域获得成功的校友通过各种形式反哺学校,既有资金支持也有人脉提供,还有校友专门回校给同学们传授经验。如今,校友的资源通过网络得到了最大程度的利用。在网络中,在校大学生可以获得各种校友资源,通过网络建立的平台更加地便捷、高效。这种巨大的校友资源是斯坦福大学最大的可利用资源之一。

而麻省理工学院也被认为是美国创业型大学最成功的高校之一,其最大的特色在于将"创业活动与创业教育紧密联系起来,形成了由数十个项目和中心构成的、充满创业氛围的创业生态系统"。而这种主张将头脑中的知识转化为实用技术和社会实践的生态系统最初得益于麻省理工学院教授咨询活动,教授通过向企业提供咨询来获取收入的方式一开始备受争议,但最终得到学校认可并成为学校的教师文化,同时为创业型生态系统的构建奠定了基础。麻省理工学院这样一套创新创业的生态系统改变了原本大学适应环境的模式,开创了大学引导环境的先河,对于学校价值理念定位和学生职业发展具有重要意义。

生态系统的基本构成要素主要有以下几类:创业组织、学生社团、创业教育、专利许可转让、创建公司等。在创业组织中,有像MIT创业俱乐部、MIT创业中心、资本网络等网络组织,通过网络论坛等形式,或与校友建立密切联系,或与企业界保持自然链接,抑或通过网络寻找资金。比如,麻省理工学院非常有名的天使资金就是与资本投资者结合起来的网络;还有像专业领域的创业组织,如产品开发创业中心、数字商业中心、生物医药创新中心等,都是将创新创业融入各个领域,鼓励各行各业有企业家精神的人参与创业活动。当下,MIT也强调将各行各业融于互联网来开展创新创业,充分利用互联网资源,打破原有时空限制,给学生创业提供无限机遇。还有开展竞争的组织,通过在校园中开展创业竞争比赛的方式来选拔创业优秀者,为其提供资金和帮助,如莱姆尔森项目在激发麻省理工学院的发明史上功不可没,50万美元的奖金是世界上最大的单项发明现金奖,而其中的"跨越项目"更是有助于鼓励未来的发明者。

MIT的学生创业社团与创业组织有异曲同工之妙,在创业生态系统中扮演着重要角色。这些社团为学生提供了大量的课外学习与实践的机会,对创业组织而言是一个补充。而这些学生团体中最出名的当属MIT的10万美元创业大赛,现如今这项赛事已经成了历史最悠久、最负有盛名的商业计划大赛。创业大赛分为三个部分:第一是电梯演讲比赛,要求参赛者录制一个60秒的短片,将自己的创业设想和亮点通过简短的方式呈现给观众,就好像在乘坐电梯这么短的时间内向自己的客户介绍自己公司的产品和服务一样;第二是执行摘要比赛,就是精简版的商业计划书,要求参赛者将自己的创业流程用文字简单书写,这里就能看出选手的逻辑性和创造性,这一步也是进入半决赛的关键;第三是真正的商业计划大赛,只有通过完整的创业计划获得评委和观众的肯定才能在比赛中脱颖而出。这样一个比赛能够激发学生自主组建团队、不断挖掘自己的企业家潜能,大胆开发创业计划,亲身体验创业过程。迄今为主,麻省理工学院的创业计划大赛已促使120多家新创公司的成立,为社会提供了2 500多个就业机会,更重要的是这个平台不仅是参赛者学习的机会,更是无数准备创业的学生寻找灵感、激发创业热情的舞台。

MIT的创业教育也独具特色,学生可以自由地选修课程,不受文理科限制,文科的学生也可以选修工科的课程,工科的学生也可以修管理学的课程,这样一种学习模式可以增加学生知识的全面性,同时激发学生的创造力。而MIT也提供了超过35门的创业课程,有以创业计划为核心的课程,有以传授创业专门性知识为主的课程,还有专业技术领域的创业课程等。

在互联网背景下，美国所建构起来的创业型大学培养了具有创新精神和创业活力的未来经济创造者。"大学作为最主要的知识生产者和传播者，将从社会发展的'助推器'转化为经济和社会发展的'发动机'。大学通过创办创新型的高科技企业直接参与了区域创新体系的构建，直接促进了经济和社会的发展"。

（二）美国社区学院全校性的创业教育

美国的社区大学是两年制的短期大学，类似于中国的大专教育。它的申请难度较低，因此学生的类型较多，既有高中辍学工作了几年以后想重新回学校读书的学生，也有高中成绩较好但是出于经济条件的考虑选择来社区学院的学生，还有一些年纪较大却想要实现自己大学梦的学生。因此，社区大学更注重实用性的教学，培养学生的社会生存能力。在当下全球信息化浪潮中，最重要的能力就是创新能力，这是创造财富的根本。在社区大学中，有很大一部分学校开展全校性的创业教育，这在世界范围内也是先创。它们多年来的成功实践值得其他国家的学校借鉴和学习。

美国马萨诸塞州的斯普林菲尔德技术社区学院就是一所典型的全校性的创业教育学院，它也是美国唯一拥有科技园的社区学院，是电信教育、工业创新教育的领航者，同时在当下也是互联网创业教育的先导者。其教育理念以市场为导向，培养具有敏锐的市场观察力和适应市场变化需求的创业者。通过政府、企业、社区学院所形成的三螺旋互动合作模式，为学院与学生提供更宏观层面的创业资源和创业渠道。美国社会近些年的经济衰退将政府的管控并入重要的一环，与政府的合作能够提高学校对于市场需求变化的灵活响应。比如，随着互联网创业时代的到来，斯普林菲尔德技术社区学院适时将创业课程与创业项目转型升级，强调通过这样一个"大众创业、万众创新"的新工具来解决当下社区学生就业问题。同时通过创业协会、虚拟孵化器和多样的创业教育项目和课程来改善社区学生就业，促进社区发展。这所学院全校性的创业教育由隶属社区学院的商业及信息技术学院的创业学院负责。它负责的创业教育实践非常多样，既有学分式的创业教育项目（如管理学原理、创业入门等专业课程），又有非学分式的创业教育项目（如最典型的"创业荣誉学术讨论会"），以及各种培训项目，如"一天的创业者"项目、"MiddleBiz"项目、"青年创业卓越"项目、"年轻的创业型学者"项目等。此外还有许多外延拓展项目，如对员工进行个性化培训的劳动力发展培训、为新创企业提供设施和技术支持的商业孵化器和学生企业孵化器，还有系列的网络会议、智囊团服务、创业考察等项目，都能最大限度地激发学生的创业激情、提高学生创业实践的能力。当然，斯普林菲尔德自始至终都强调外部合作，较为成功的是成为 IBM 公司高校联盟计划的合作伙伴之一。通过与科技园内企业合作，学院为学生争取到了许多实习机会等。

另一所美国有名的全校性创业教育社区学院就是北爱荷华社区学院，它是一所综合性的乡村社区学院。它所开展的创业教育模式与上面所提的斯普林菲尔德社区学院非常相似，但是这些年来，这所北爱荷华社区学院越来越重视以云计算、移动互联网、物联网、大数据为代表的信息技术产业中的创新创业教育。与互联网产业的深度融合，使得这样的社区学院的就业创业率年年上升。社区学校的创新创业教育在很大程度上是时代之需求、发展之要务，在互联网时代的今天，这些学校首先需要加强知识创新、技术创业来实现学校转型升级。其次，社区学校的创新创业教育是服务地区经济发展的必然选择，社区大学的文化素质水平可能在一定程度上不如普通的大学，因此寻求社区学院的立院根本是重中之重。社区学院应该把为社会输送高素质、高技能、创新型的高技术应用型人才作为历史使命，把创新创业的精神意识融入全校学生的文化理念之中，把创业的专业知识根据不同学科特点开展全校性的创业教育课程，使学生树立创新创业的精神理念，培养学生在实践开拓中实现自我就业的个人追求，在创业实践中创造社会价值，从而推动社区学院所在地区的经济发展,这是大学与社区学院共同的责任与使命。当然,这种互联网背景下创新创业教育不仅具有社会创造的价值,更具有个人实现自我的价值,也是自我实现提升的重要途径。在创新创业教育与实践的过程中,学生不完全是以创办企业为目的的,更重要的是形成互联网思维,利用现代社会的网络优势,学会资源利用、整合、升级等,在互联网背景中形成实现自我价值的精神诉求,培养自我创新突破的个人品格、永不言弃的人生追求,这些才是创新创业教育的灵魂。

北爱荷华社区学院在创新创业教育中的具体做法主要有以下几点:

第一,转变传统的创业教育的教与学的理念。在互联网社会中我们每天会面对无数信息,并且这些信息以爆炸式的方式呈现出碎片化、无规则的状态。而如何甄别这些信息,并且从这些信息中提出有效信息成了当下教师和学生的紧迫任务。同时,对于信息知识的接受与创新是新时代互联网人必须具备的条件,网上各种各样的信息每天充斥着我们的大脑,若不假思考地全盘接受,最终获取的资源只能是零。同时,当下时代对于传统知识传播方式的彻底颠覆也让北爱荷华积极寻求变革,他们将互联网作为创新创业教育中教与学的重要场所,通过线上与线下的互动教学增强学生对知识的获取,这也是对传统书本知识的必要补充。这种网络创新创业教育也提高了教学的效率和质量,为学生能力提升搭建了更大的平台。学生不仅可以从互联网中获得学习的材料,并且能够通过互联网虚拟平台创设一个逼真的实践环境,学生在网络中创建公司,互联网通过数据分析学生创办公司的成败因素,这种形式节约了实际创办公司的成本,并且更加高效、科学,值得其他大学创业教育课程学习和借鉴。

第二,提升师资队伍的创新创业教育。北爱荷华州鼓励"社区教师开展互联网时代下创新创业教育的理论学习和实践研究,逐渐在专业教育中提升学生的创业精神和创业能力"。他们主要的做法是鼓励教师多到企业参加实习工作,从实践中提升自己的素质和能力;

同时请大批创新创业方面的专家到学校通过开展创新创业讲座的形式与大量一线教师沟通交流,来提升教师的专业素质并且帮助教师获得讲课素材,这些都是上课教学的重要资源。还可以通过出资让优秀的创新创业教师到国外深造,学习其他国家创新创业的经验和方法,开阔教师的视野。

第三,创建高校资源共享系统。利用互联网信息传播的优势以实现各个高校之间的数据开放、资源共享,推动大数据时代下各种资源的整合与利用。北爱荷华州最主要的做法是开发和整合社会共享的资源,为师生搭建各种创新创业教育的学习平台,并且这个平台是各个学院都可以共享的,是为社区学院提供在线学习、个性化学习、终身学习的平台。

美国的这些社区学院通过互联网产业与教育产业的融合创新了学校创业教育的理论与实践,并且以多元化的方式开展"互联网"背景下的创新创业教育,扩宽了学生的就业前景,创造了个人的社会价值,进而实现了社会的繁荣与进步。

(三)社会化创业舞台的搭建

学生的创业教育仅通过学校的平台是很有限的,因为学校更倾向于定位为学术型的象牙塔,更多的是专业型知识的传授,并且由于资源、能力、人员等限制,在实践中突破往往需要社会化资源的帮扶。因此,搭建社会化的舞台,不仅需要政府、学校这样的主导力量全面发力,而且更需要多元化背景下社会各方力量的配合,共同构建"大众创业、万众创新"的创新创业教育平台。

在高新技术迅速发展的今天,大量新公司不断涌现的背后是大学校园的高技术创业浪潮正在席卷整个美国。大学生的创业热情空前高涨,很大程度上得益于美国高校与各个非政府组织共同构建的大学生创业竞赛计划,"这个计划不是普通意义上的大学生专业比赛,而是以实际技术为背景,跨学科优势互补的团队之间共同创建团队,通过提出具有市场前景的计划或方案来赢得社会资金的风险投资"。美国的许多高新技术公司都是在这些创业竞赛计划中建设起来的。

当今世界,最好的高新技术产业地区当属美国的硅谷。在那里,只要创业者有足够好的创业计划或者创业项目,那么他就能够游说一家创业投资公司为他的项目买单,并且很快他的项目就能够拿到市场中运行。只要创业者有了优秀的创业计划或者创业项目,那么其他所有的后续创业的硬件、软件设施,硅谷都能够帮你以最快的速度解决。正是在这样一个得天独厚的优良环境中,硅谷创造出了世界奇迹,这也是非政府的企业组织帮助创业者成长和发展的最为成功的例子之一。像英特尔的摩尔、葛鲁夫,微软的盖茨、艾伦,苹果的乔布斯,惠普的休利特、帕卡德,网景的安德森,戴尔的戴尔,雅虎的杨致远等,都是通过社会组织提供的风险投资发家致富的。因此,这些舞台为没有资源和机会的创业者提供了发展契机,这也是美国社会企业家精神中最宝贵的财富——回报社会。

此外,美国社会中还有完善的支持系统,因而形成了宽松、自由的创业文化环境。比如,美国鼓励学生进行信用卡贷款创业,视频网站 YouTube 的创始人之一杨士骏就曾一度用信用卡支付每月高达 1.8 万美元的服务器费用。当然还有美国的商业保险制度,它为成千上万的企业家和个人提供了企业责任保险,帮助大学生将创业风险降到最低,鼓励大学生创业。

第二节 英国创新创业教育

英国虽然不是最早开展创新创业教育的,但是在全球范围内也是开展创新创业教育较为成功的国家之一。英国创新创业教育发展之路与美国有许多相似之处的同时也有其独有的特点值得我们思考与借鉴。

一、英国创新创业教育的发展历程

20 世纪 70 年代石油危机引发的经济危机在世界范围内引起剧

烈的震荡,同样使英国的经济下滑,失业率居高不下,社会稳定受到极大影响。同时,英国高校的教育理念也在悄然发生变化,从强调知识灌输的应试教育到关注学生探索求创精神的开发培养,英国的教育体制正在发生转型。这些都为英国之后的创新创业教育的起步、发展奠定了基础。

在英国,创新创业教育最初开始于1982年的"大学生创业"项目,为的就是解决大学毕业生就业难的问题,通过创业教育实现大学生的自我就业。在苏格兰创业基金的赞助下,大学生创业项目于1982年在英国斯特林大学正式启动,它通过创业教育讲座,选拔学生进行指导,以大学生自我创业的形式实现就业,解决社会就业问题。但是由于功利性太强,这一项目取得的实际效果并不理想,最终在1990年出于多方因素考虑被政府搁置。1987年,英国政府又提出了"高等教育创业"计划,这一次政府不再完全以功利性为目的,而着重培养学生的创新精神与创业能力。不少大学积极响应政府此次计划,开始对教学活动进行改革,包括在专业课程学习中融入创业活动、创业型教师队伍的培养、课程创设更具有时代性等,这些都极大地促进了英国社会创业环境的构建,这个计划也被认为是英国创新创业教育理念的正式提出,具有里程碑式的意义。

1998年,英国政府再次启动新的"大学生创新"项目。该项目主要包括两部分的内容:其一是开设创业课堂。通过企业家走进课堂的形式,将丰富的创业经历与感悟带入校园,在面对面的交流与讨论的过程中,学生掌握了创业知识。其二是创办公司。通过实际的创业过程和真正实战,让学生获得创新创业的历练。当然学生在创业过程中,也能够得到创业顾问、创业导师的帮助与指导。据统计,参与该项目的高校从一开始的17所增加到近40所,目前数量仍在不断扩大,从中产生了许多大学生自办的企业,这对于改善英国就业环境、经济困境起到至关重要的作用。随后,为了进一步推进大学生的创新创业教育,政府又先后成立了英国科学创业中心和全国大学生创业委员会来全面管理大学生创业教育。此外,英国政府还出资建立了各种基金,比如英国王子基金、凤凰基金等,通过企业界和社会的力量为创业者提供技术、资金、咨询等支持。

2004年,贸工部下属机构"小企业服务"拨款15万英镑,由英国一流的商业组织和机构创设了"创业远见",旨在为整个英国传播创业精神,提升英国社会创业文化。同年,英国财政部、"创业远见"和"小企业服务"共同发表了《创建创业文化》的报告,报告中特别指出要以创新带创业,在青年学生中形成创业精神。英国创新创业教育目前已经取得卓越成效,参加创业教育的学生每年都在同比增长,开展的创新创业教育课程也越来越多样,最后实现自我就业的人数也相当可观。

二、英国创新创业教育的特色

(一)良好的政策环境

虽然英国人较为保守,缺乏冒险和创新的精神,但是英国政府在思想上、行动上走在前列,他们意识到国家创新创业教育对于民族发展、国家强大有重要意义,因此大力倡导全社会开展创新创业教育。在政治层面,政府制定了相关政策,如市场准入政策、知识产权保护政策、扩大孵化空间、减少税收等,力图使英国成为年轻人创业的最好的舞台。在经济层面,政府为创业开设基金支持。如"大学生挑战基金"旨在帮助学生把研究成果转化为市场产品,"科学创业挑战基金"主要用于帮助高校向学生传授创业知识,培养学生创业技能等。在社会层面,英国开办了各种协会,作为学校与企业交流互动的桥梁,也作为大学生创业起步的平台。

(二)创业教育课程开展广泛,教学方法灵活

英国的创新创业课程中有两类非常有特色的课程体系,一类是"为创业",另一类是"关于创业"。"为创业"顾名思义就是为了创业

做准备,这些课程中的教师大多数是曾经自己创办过企业的,有丰富的实战经验,他们通过小组教学的方式模拟创业的各个环节。这样一种实践训练加上学校严格的技能考核能够真正帮助学生在真实的环境下锻炼应变能力、组织能力、沟通能力、抗压能力等。而"关于创业"则更偏重于理论层面,教师通过讲授课本、分析材料、写小论文等形式向学生传授知识,是一种比较传统的教学方式,目前英国高校仍然以这种形式为主导。

(三)社会各界积极支持开展创业教育

英国在推行创新创业教育的过程中充分利用了各级政府、各种社会组织和民间的力量,形成了覆盖全社会的创新创业体系。例如,各地方发展局非常重视大学生创业活动,他们为高校提供各种项目来帮助其开展创业教育实践活动;再如,英国许多非政府组织,如工业与高等教育委员会就通过许多知名的企业、企业家与高校合作的方式,帮助学生树立创新创业梦想,培养学生创新创业的能力。同时,英国高校创新创业教育最成功的地方之一就是与企业的联系非常紧密。企业涉足大学的创新创业活动是一个双赢的过程,学校获得了资金、平台支持和成果转化渠道;企业增加了知名度,培训了员工,同时增强了自身活力。

(四)创新创业教育模式的专业化、创新化

英国的创新创业教育在各个学校已经趋于专业化,并且在各个学段都有专门的体系进行教学。在本科学段,英国将创新创业的课程融入学位课程,最为常见的是开设联合学位课程;在研究生阶段,为了满足学生对于专业创新创业理论知识的需求,许多学校开设了专业"创业学"的课程来供学生研读。前面所提的联合课程就是英国大学的创新教育,将创业学与经济学、会计学、法学、外语等许多专业组合,获得联合学位。此外,英国创新创业教育细化趋势明显,新技术创新创业教育、家族创新创业教育、妇女创新创业教育等类型化创

新创业教育已在英国普遍展开。

三、英国创新创业教育的实践

自 2006 年英国大学学费制度改革以来,在校学生的经济压力不断增大,自我就业成为大学生的重要选择。此外,全球金融危机以来,世界范围内大部分国家被波及并深受影响,当然也包括英国,经济不景气,就业率不断下降。正是由于英国社会经济、高等教育制度等的变迁,英国的创新创业教育发生了深刻变化。创新创业教育在英国越来越普及,其创业教育的理论体系和实践体系都日益完善,且体现出精益化的特点。但是,英国创新创业教育的整体环境与美国相比有很大差异。创业对于美国年轻人来说已经是一种非常普遍的生活方式,并且美国社会的创业环境自由宽松,美国便成为全世界创业者眼中的天堂,然而英国在文化气质中更多地表现出保守和内敛。因此,英国人对于需要冒险和挑战的创业怀有一种谨慎的态度,总的来说英国社会的创业发展较为缓慢,创业环境相对而言较为保守。但是,我们可以看到,在互联网时代中,英国政府和有识之士深知创业对于社会繁荣、国家经济增长的重要现实意义,因此,政府大力鼓励高校开展有广度、有深度的创业教育,鼓励年轻人通过创业实现自我发展。通过政府、社会、高校等社会主体共同参与创新创业教育的方式开展创新创业实践。

(一)“天狼星项目”和“青年创业计划”

你是否曾梦想过大学刚毕业你的创业计划就能变成现实,就能拥有一笔数额不小的启动基金,还有免费的办公室、推荐的人脉、签证通道和一系列的优惠政策?这所有的一切都能在英国让你实现。英国非常有名的“天狼星项目”通过提供一系列优待政策吸引了世界各地的优秀毕业生到英国发展创业。有赖于这样一个长期的经济激励计划,英国最终借此创造了更多的就业机会。

“天狼星项目”从 2014 年 9 月至今已经收到了来自全球 93 个国

家的 1 500 多份申请,可以说正是天狼星对于各国创业者最大程度的包容,带来了世界各地的创业者对英国创业环境的信任,愿意在英国将他们创新创业的想法真正落实,这对于英国和创业者个人来说都是机遇。目前,天狼星掌管着 40 个创业团队项目,其中 25 个团队已经在英国发展壮大。团队的成员均来自世界各地,并且这些创业成功的团队能够紧紧把握互联网时代的脉搏,将互联网融入自己企业发展的每一个环节。在成功申请"天狼星项目"后,每个创业团队会得到为期 12 个月的签证作为创业周期,每个团队成员也将得到 1.2 万英镑的项目金作为创业的初始资金,这些钱能够自由支配,以保证创业计划的顺利展开。在这期间,创业者还会得到创业导师培训和与潜在客户见面的机会,这对所有年轻创业者来说都为其创业搭建了很好的平台。并且,政府为创业团队提供资源和投资的同时,最终不会享有创业团队的股权,这在创业项目中也是不多见的。但是,任何创业团队要想在这样的项目中获得机会,必须经过非常严格的考验。创业团队每隔三个月会接受由英国贸易投资署和创业加速中心的联合评估,评估内容包括平台是否已经搭建好、产品是否足够成熟、用户人数和投资潜力等。如果团队表现和评估要求差距过大,项目就会宣告终止,团队成员的签证也不会再被更新。因此,如果你在这个创业环境中不够努力、你的创业项目不能落地创造价值,那么注定你的创业之路将被终止。

此外,英国于 1983 年成立的"青年创业计划"是迄今为止最重要、影响最大的创业项目,它为资金不足的创业者提供 5 000 英镑的低息贷款,在特殊的情况下还给予高额的奖金,以此来激发年轻人的创业想法,为社会培养更多的创新型人才,更好地为国家、社会经济发展服务。该创业计划已经扶持创立了数万个新企业,如今越来越多的互联网企业在创业计划的帮助下破土而出,使得英国当下的创业环境更加宽松活跃。同时,英国贸工部下属机构"小企业服务"在英国设立了非常有名的"创业远见",通过全国性的活动来鼓励年轻人的创业精神,提升英国社会的创业文化。英国首相的"创新计划"更是专门拨出巨款,资助英国的高校开展创业教育领域的国际交流与合作。

在英国社会中这样的创业计划很多,现阶段还有许多与互联网相关的创业计划,都旨在鼓励年轻人通过创新精神、自我就业的形式来实现自我发展。但目前为止,英伦三岛也没有诞生一个如美国的谷歌一样从草根企业发展到世界性大公司的华丽转身的商业奇迹,这其中有很多原因,比如英国的"保守主义"和"绅士文化"的限制、市场规模有限、风投文化也尚未盛行、投资退出渠道并不丰富等。但是英国同样具有不可替代的优势,英国政府的大力支持以致创业门槛低,政策也相对比较灵活,而且英国有全欧洲最大的资本资源。因此,相信在世界"互联网+"的市场大环境下,英国一定能够占据先机,创造互联网创新创业发展的新高度。

(二)多中心的协同教育

英国创业教育模式是自上而下、政府主导型的创业教育体系,因此资源投入的力度很大,也促使了这些年英国的创新创业教育迅速发展。但是,随着世界范围内政府管控权开始从社会各个领域收缩,英国政府也开始将教育的权力分散给社会中的各方力量共同承担。社会各族群间搭建起像毛细血管一样丰富的机制和文化,这将关系到整个创业生态的活力和持久力。

大学生创业教育课程是多中心创业教育的基础。在英国的高校中,创业教育课程主要有三个类型:专门的创业教育课程、其他课程中的创业教育以及课程之外的创业教育。英国的兰卡斯特大学推出的创业教育课程——企业家与创业,取得了很好的反响。它旨在用创新教学的方式来培养学生的创新精神与创业能力。这些年来,它将企业家的互联网精神作为教学重点,突出了在互联网时代下创业者必须培养的互联网思维和互联网时代创业者成功的关键因素等,并将其与自己的经验和外部的商业社会联系起来。该课程内容包括邀请企业家进行客座演讲,学生在课堂讨论之余,还通过网上博客进行交流,学生还要坚持写创新日志,追踪相关的商业报道,并且与同学进行交流,通过这种教学与自学相结合的模式激发学生的学习动力。除了专门的创业教育课程,英国各个大学还在其他各专业课程中融入创业教育的形式。以伦敦城市大学的游戏技术学士学位课程为例,该学位是该校的计算机专业与国内外相关公司合作推出的,学校除教授学生电子开发的技能外,还着重培养学生的创新创业意识和能力。这些课程为学生提供了大量的企业实践机会,通过真实的游戏开发项目,促进学生专业技能的发展。此外,还有课程之外的创业教育。英国谢菲尔德·哈勒姆大学的企业经营与管理改革学院于2008年开发了一个创业模块,这种学习形式通过模拟真实的创业环境,让学生在实践中感受创业氛围、学习创业知识、提升自身的创业技能和自信心。

除了学校的创业组织对学生进行创业教育外,还有校外的创业组织对学生进行创业教育,他们多以社会公益性的组织形式存在,并且以时代发展需求为背景,以开发青年群体的创业能力为己任,在社会中占据越来越重要的作用。比如,当下在英国有很多的互联网创业组织,他们通过组织一些创业大赛,让学生在这种竞争的氛围中磨炼自我、激发自我的创新动力,从而提高创业能力。这种"校企合作"的形式可以最大限度地利用企业的资源帮助青年学生创业。英国的校企合作大概可以分为长期教育和短期培训两种形式。短期培训一般通过6—12个月的时间来快速传授给学生创新创业的知识,锻炼学生创业能力。长期教育又分为"2+1+1"和"1+3+1"两种形式,前一种是指两年在学校学习,第三年在企业中实习,最后一年再回到学校学习的模式;后一种是第一年先在企业实习,第二年开始再回到学校学习,最后一年再到企业工作的形式。互联网时代中的创新创业教育更适用于第二种,第一年通过实践了解社会需求取向,在未来的学习中能够更有针对性、目标性地去学习,最后一年通过实践来巩固和加强自己的创新创业知识。

在多中心的主体中,还有一方非常重要的力量——社会的学术会议。"英国教育领域的各种学会组织会经常以创新创业教育为主题开展许多的国内或国家学术会议,为创业教育工作的学者也为参与创新创业活动的创业者提供相互交流学习的机会,并积极传播相关的研究成果,以促进创业教育实践水平的提高。比如,2009 年在爱丁堡的赫瑞一瓦特大学举办的国际创业教育者年会,会议主题就是'加强创业教育',具体的内容主要有:'提高认识''创业教育的教学方法行动策略'和'学习途径';还有同年在利物浦举行的小企业与创业研究所年会,也讨论了有关小企业和创业的问题,以应对当前经济危机的挑战"。

英国具备了世界上最友好的创业制度,政府、企业、高校都从不同的维度建设创业环境,这是整个英国社会都在努力的事情。相信在不久的将来,越来越多的创业者能够在英国这片土壤中生根发芽,创造出英国的"硅谷"神话。

第三节 德国创新创业教育

从 20 世纪 90 年代开始,德国的创新创业教育全面铺开。通过创业教育的引导,德国大学生的创业意识明显得到增强。尤其是在近几十年互联网迅速发展的时代背景下,德国形成了独具特色的创新研究和创业教育体系,不断鼓励学生自主创业,为推动中小企业蓬勃发展做出了贡献。

一、方兴未艾的德国中小企业

可以毫不夸张地说,德国中小企业的发展称得上是一个世界奇迹。据统计,占德国企业总数 99.7% 的 338 万家中小企业,其营业税占了整个德国企业界营业税的 99.3%,并提供了约 70% 的就业机会和 82％的培训机会。现如今,德国越来越多的互联网企业快速发展起来,再创了德国经济发展的新高。这都得益于德国社会非常活跃的创业教育,激发了德国青年学生的创业意识,并且带动了整个社会的创业氛围。

德国健全的法律法规促进了德国中小企业的发展。德国政府设有联邦卡特尔局和托拉斯局,禁止大企业对小企业的兼并或者收购,并且严厉打击那些采取低价或提价等不正当手段打压中小企业发展的行为。此外,德国政府内部有专门的机构负责处理中小企业的事务,帮助中小企业发展,并且解决一些中小企业自身无法解决的问题,成为中小企业在社会安全稳定发展的"保护人"。德国的许多法律也在最大程度上促进、保护中小企业的发展,比如《中小企业促进法》《中小企业增加就业法》《反对限制竞争法》《关于提高中小企业的行动计划》等,它们规范了中小企业竞争的新秩序,并且鼓励、支持中小企业的发展。

除此之外,德国政府还给予了中小企业最大的优惠政策,对初创期的中小企业实行税收减免的政策,规定在落后地区新建企业可以 5年免交营业税。这鼓励了很多年轻人到经济落后的地方创业,带动了当地的经济发展,也增强了创业者的创业信心。并且,对于失业者,政府也鼓励创业,给予 2 万马克的补贴,这对于失业者来说是再就业一个极好选择。德国各级政府还开办相应机构,对创业者和中小企业中的就业者进行培训,经费也由政府补贴。

同时,针对中小企业融资困难的问题,政府通过低息贷款、投资补贴、贴息和担保等形式最大程度地帮扶中小企业发展。"目前德国共有 2 万到 3 万家可资助中小企业的银行机构,而且申请贷款的程序非常简单。凡是创办中小企业,只要自有资金不少于投资总额的10％,就可向德国复兴信贷银行和德国平衡银行申请 30％的创业援助资金。创业援助贷款期为 10 年到 20 年,前两年可以不付利息,以后每年的利息也低于市场利息很多,前 10 年还可以不还本金,此项贷款由国家担保"。

在德国,政府帮扶中小企业发展的方针政策非常多,极大地激发了学生的创业热情,也随之带动了创业教育的不断发展。同时,正是德国对于创新创业教育的重视,才促使了德国经济的飞速发展。

二、富有时代特色的创业教育

德国拥有非常完善的创业教育组织体系,除了保障学校在创业教育中的主体地位外,还充分保障社会各界力量对于创新创业教育的监督管理,这些社会力量能够准确把握时代脉搏,也能够了解市场的需求,对创新创业教育有前瞻性的见解,这对高校的创业教育是一种补充和完善。比如说,盖尔森基兴应用科技大学中的创业教育由三个部门负责:执行局、董事会和顾问委员会。其中,顾问委员会就是由企业家、政府行政人员、政治家以及社会各行各业的代表组成的,主要提供教育实践方面的建议和帮助。

德国的许多高校还建设了系统的创业教育课程体系,包括"企业家精神训练、企业创业管理、创业法律法规、商业计划书、财务管理、市场调研、新产品开发等十几门课程"。这些课程通常是结合学校和专业的特点,并且根据学校特色开展的相应课程。比如,波斯坦大学偏重艺术设计的创新培训课程、柏林洪德大学的高新技术创业理念培训、科特布斯大学的专业创新课程等。同时,在这个创业课程体系中,最重要的是学生有较大的课程选择自主权,学生既可以选择就读注重培养生存性创业教育的职业培训学校和职业高等学校,也可以选择更注重所学专业创新理念的培训和高质量创业项目的扶持的这样一些综合性大学。但无论选择在哪里就读,只要有富有创意的设计理念,那么德国的高校就会给予你极大的支持。你可以带着你的创业计划书进驻大学校园孵化器,并且得到教师的帮助和辅导。通过这样有针对性地扶持技术含量比较高、创新性强的公司,其在将来走入市场时会有更强的生存能力和竞争意识。

德国的创新创业教育注重与实践相结合,比如举办种类繁多的创新创业比赛,以慕尼黑的创业计划大赛为例,大赛将学生创业与时代需求相结合,在开办赛事的十几年中,成功走出了500多家企业,为社会创造了几千个就业岗位。还有的创新创业教育将课堂教学运用于实践之中,如慕尼黑大学的商业设计课程,学生根据教学的理念和设计的原则写出自己的企业规划计划,并由学校的专家评审,对于具有实际操作价值的则运用于企业实践之中。此外,德国还积极创办大学生实践平台,如高校与政府、企业等合作,整合资源,共同搭建学生就业创业实践平台;同时,借由充分利用互联网这一工具,建立起学生与社会各界的交流与合作,为大学生创业就业提供有力支持。

第四节　法国创新创业教育

"企业家"一词最早源于法国,但是法国鼓励创业和发展创业教育却不是最早的,也不是最积极的。美国在第二次世界大战结束以后不久就开始鼓动社会成员进行自我就业、鼓励创新,而在法国,创业教育的起步却较晚。一直到20世纪70年代以后,法国才陆续在几所大学开办了创业教育的课程,真正的起步应该是在20世纪90年代以后了,这时法国才重视将创业的相关知识和技能的教学融入大学课程中去。法国的创新创业教育实践主要有三个方面:第一,将创新创业教育融为高校教育的一部分;第二,将专业的知识体系教学与学生的创新创业实践相结合;第三,国家的政策法规支持、促进创新创业教育实践。

一、创新创业的教育体系

在法国,第一所开设创新创业教育的高校是巴黎高等商学院,之后也只有零星的几所大学开设了创业课程。真正发展起来是在1997年创业教育领域的教师和专家学者共同创办的创业学院,它以鼓励教育各个层级开展创新创业的终身教育为宗旨,以促进科技发展及其成果转化为目标,极大地促进了创新创业教育的发展。

法国的高等教育体系是"两轨制":大学和大学校。大学校主要是为满足工业社会发展的人才需要而创建的,它的教学目的有更强的实用性、职业性,因此大学校更加注重创业教育并且创业教育的体系也更加完善。比较有代表性的就是巴黎中央理工大学,"它们以培养具有高科技素质的通用人才、能够领导创新项目的专家以及具有开阔视野的创业家为目标。它们的教学都与'企业'密切相关,企业可以直接参与到教学环节中去;并且相关企业与学校进行合作,接纳学生参与实习;同时企业参与校委会,与校行政委员会、学术和研究委员会共同承担学校的管理工作"。为了让学生具有创新创业的意识,了解世界的最新发展动态,新生一入学就会参加两周的研讨会,以充分认识当今世界的一些"机遇与挑战",比如说这些年涉及的话题有能源、环境、信息技术、互联网、城市化等,基于研讨会的参与让学生知道当今世界最关注的话题是什么以及市场的需求是什么等。到第二学年和第三学年,学校会开设具有特色的创业课,旨在帮助有创业计划的学生实现创业梦想。"教学内容包括从创办公司和公司管理的角度对战略决策、市场财务进行综合性讲解,培养学生的创业者气质和能力,比如全盘地考虑问题,质疑接收到的信息,学会创新性思维,树立自信,学会说服别人,学会团队管理,进行挫折教育等"。同时,它和许多创业型的大学一样,成立了自己的孵化器,现在越来越多的网络科技公司从巴黎中央理工大学中走出来,为社会成员的就业和价值的创造做了不小贡献。

二、创新创业实践平台的建设

在法国,许多的创业型大学与企业共同创建了"创业中心"和"创业之家",这些创业中心和创业之家不仅要培养学生的实战能力,更重要的是提升学生的创业精神和创业意识,同时这些创业中心也是一个交流平台,在这里学生可以和企业家进行沟通,获得创业建议。2013 年,时任高等教育与科研部部长的菲奥拉索提出了要在 2013—2016 年建立 30 个学生创新、技术转换和创业中心。而这个中心的建设与互联网的发展密切相关。互联网时代有无数商机,但同时会有比传统行业更多的挑战。你可以在网上以非常简便的程序成立一个公司,但要想让企业在这个时代中成功脱颖而出,必须具备企业文化的创新意识、思维方式的创新理念和企业管理的创新行动等。

此外,在这个时代中,最重要的是具备互联网思维,而互联网思维是对传统理念的颠覆性思考,是创新型的思维模式。学生创新、技术转换和创业中心就是以时代需求为背景,培养学生的互联网创新创业思维。

三、积极促进产学研结合

法国的创新创造能力很强,从阿司匹林到首次全球生产的内燃机,都成为改变世界的发明创造。虽然法国的创新能力很强,但是转换为实际生产力的能力却不高,因此对于法国来说,最需要解决的是高校与企业进行合作,将创新创业的计划与技术转换为真正体现价值的实物。这些年,法国也采取了许多做法拉近了学生和企业的关系。比如,法国有 300 多所高校创办了《创业参考》,它不仅提供了创业的知识和创业的信息,还宣传了高校与企业之间的合作关系,并且在期刊上登出了许多高校与企业合作的项目,学生都可以利用这些资源来创新创业。

法国教育部部长贝尔卡桑宣布进一步加强学校与企业之间的联系。"高等教育与科研部的目标是每一位初中生都能参观一次企业、与一位专业人士交流、有一次实习机会、做一个具体项目"。学生通过与企业接触知道了现在社会需要怎样的人才,以后在自己的学习生涯中才能更有针对性和计划性。在这样一个后现代社会中,依靠互联网这个媒介,学校和企业之间的联系更加方便了。在大数据时代中,学生也可以从互联网上获取更多有用信息,成为自己创新创业的指南。

第五节　国外创新创业教育的启示

创新创业教育理念和创新创业教育实践最早都产生于西方发达国家,到目前为止,它依然在欧美等国家最为盛行。我国创新创业教育起步比较晚。现在,创新创业教育在各大高校中仍然是"边缘"或者"形式主义"的一门课程,不仅没有得到学生的重视,也没有引起高校和政府的重视,这最终导致大学生缺乏创新意识,在激烈的社会竞争中遇到更多阻碍。大学生失业率上升,但是学生没有能力也不愿意选择自我创业,这对国家的经济稳定是一个不利因素。因此,党的十八大报告提出,要"引导劳动者转变就业观念,鼓励多渠道多形式就业,促进创业带动就业"。十八大以来,我国不断深化高等学校创新创业教育改革,修订人才培养标准、改革教学育人机制、加强师资队伍建设、强化创业实践训练、构建创业帮扶体系,把创新创业教育融入人才培养,为建设创新型国家提供源源不断的人才智力支撑。

一、营造优良的创新创业教育环境是先导

环境对于教育来说有着至关重要的作用。从某种意义上说,创新创业教育成功与否,取决于整个社会的创业意识、创业文化以及人们对创新创业教育的认可度的高低。在一个成功的创业文化环境中,大家应该受到共同创业价值观的影响,更多的人勇于参与创业实践并且认可创业活动,以实现个人和社会的价值。许多西方发达国家都深受创业文化环境的影响,所以国家创业率较高,也极大地带动了经济增长。"我国的温州模式也是一个成功的范例。受到永嘉文化思想的影响,温州人运用其独特的社会资源和各方面的优势,成功发展起了私人创业发展的模式。"那么如何构建创新创业教育的文化

环境呢？需要做到几下几点。

第一，必须强调对整个社会的文化理念进行变革，变革文化中与社会生产力发展不相适应的部分，变革文化中腐朽落后的观念思想，树立鼓励创新的文化理念，并且这种创新的价值观必须在全社会得到长期地培养和发展。同时，自我就业思维的建立不是一朝一夕的，需要有政府的支持、学校的培育、全社会对创业失败的宽容以及创业信息的共享等。

第二，政府要建立良好的法律法规环境，同时给予创业者资金支持、资源共享等帮助。政府要注重政策的连续性、协调性和规范性，以推动我国创新创业教育的发展。

第三，高校作为创新创业教育的主要载体，应该与政府、企业、社会中的组织共同建立创业教育模式。高校可以举办各种创业活动大赛，激发学生的创造力、想象力、思维力等。同时，高校要安排学生参加各种实践活动，使学生从实践中得到经验和教训，营造创业教育的浓厚氛围。

二、建设科学的创新创业教育基本框架是前提

西方发达国家非常注重建立一个完整的创新创业的基本框架来满足整个社会对创新创业教育的需求。

首先，加强对中小创新企业的研究。它们对于创新创业教育的发展起到至关重要的作用。这些新创企业在创业过程中遇到的问题也是创业教育中应该关注和重点讲解的问题，只有这样的教育才有针对性和实质性的价值。

其次，建设优质的创新创业教育的师资队伍。高校应设置创业类的教授头衔，以鼓励更多的创业专家从事相关的创业指导工作，保证创业教育的研究和教学质量。同时，这些创新创业专家应该有创业的实践经验，这样在教育过程中才有更多的实战案例和经验可以分享和传授。我国可以聘请一些创业成功的公司董事到学校任课或

者在学校开讲座,与学生分享创新创业的心得和感悟。

再次,我们国家必须学习西方的成功经验,促进大学创业教育体系与国家政策和机制建设的衔接,确保高校创新创业教育体系的完善。

最后,加强创业教育与各学科的融合。创业教育不应该只是商学院或者管理学院的课程,更应该融入所有的专业课程。比如,机械学院也可以将创业教育融入专业课堂,鼓励学生开办与机械相关的创新企业,推动创业教育在各个领域开花结果。最为重要的是,"高校不仅要研究生存创业的教育,更重要的是研究机会创业的质量和持续发展问题,包括关注中小企业发展和公益创业等课题的研究,逐步构建符合中国特色的创业教育基础框架"。

三、开设科学的创新创业教育课程是关键

高校的创新创业教育课程必须明确其开设的根本目的,不能仅以开办企业为创业教育的根本目标。高校创业教育的核心应该是"培养具有创业精神和创新能力的高素质人才,培养大学生通过科学知识的积累和创新型思维来解释客观事物的本质内在联系,并且能够在此基础上产生新颖的、前所未有的思维成果"。借鉴国外高校创新创业教育的经验,从学生入学开始,高校就应该将创业精神和创新素质的培养融入学生培养计划中,这样才能使学生真正地适应时代发展的需求。其主要的行动策略有以下几点:

第一,将创新创业教育与高校、地方的特色相结合。"虽然我国不乏有知名高校为此做出不懈努力,形成了各具特色的创业教育模式,如北京航空航天大学的创业中心、上海复旦大学的创业中心等。但与国外的高校相比,我国高校仍缺乏与专业特色、地方特色的紧密融合。因此,高校必须使创新创业教育更有针对性,提高其质量,加强技术创新,注重理念创新和商业运作模式的融合"。

第二,创新创业教育的课程应该注重企业家精神的塑造和创新

创业能力的培养,而非简单地传授创新创业知识。创业的成功可以带动就业,带动国家经济发展。但是,创新创业教育并不仅以此为目的,而且必须将培养学生的创造力、探索力、思维力作为学校开展创业教育的根本。中国的创业教育恰恰缺乏这样的理念,主要的原因在于中华民族的文化是一种保守、内敛的文化,其文化内核中缺少了一种创新变革的精神。所以,必须在全社会形成一种创新创业的文化氛围,建立注重培养创新精神的创业课程体系。

第三,创新创业课程的类型化、系统化。高校要根据学生对创新创业的需求,开展有针对性的课程,而不是在所有的学校开设相同的课程。否则,这在现实中,课程就会沦为形式主义,没有实际价值。

第四,创新创业教育必须与互联网时代紧密结合。无论是创新创业教育的内容还是形式,都必须形成互联网思维,才能使创新创业教育更有实用价值。

第五,创新创业课程必须有评估和考核,才能使得创业教育真正地产生效用,也利于课程的改进和完善。

四、获得丰厚的创新创业教育资源是保障

资源在创新创业教育体系中占据着举足轻重的地位。这里的资源主要指三个方面:人力、物力和财力。人力主要是指培养雄厚的师资队伍,这是保证创新创业教育质量的关键;物力主要是指各类创新创业教育的资源,如课程资源、网络资源等;财力指的是投入创新创业教育的各种资金,它是创新创业教育开展的保障。西方发达国家在短短数十年就建立了较为完善的创新创业教育体系,并且在全社会塑造了浓厚的创业文化氛围,这都得益于政府、高校、企业和各方社会力量对这些资源的投入。

从我们国家目前的现实状况来看,这三个方面的投入都较为有限,阻碍了我国创新创业教育的发展。因此,我国必须进一步投入资源来保障创新创业教育的发展。

　　首先,必须加强创业导师队伍的建设,提升创业导师师资水平。高校要采取"引进来""走出去"相结合的策略,"一方面,选派优秀的高校教师到企事业单位、社区、非营利性组织挂职锻炼,培养其创业素质和创业教学能力;另一方面,引入具有丰富实战经验的卓越企业家、创业成功人士、政府官员等担任学生的创业导师"。同时,高校可以建立创业"双导师"制,这样既可以由学校的专职教授担任创业导师,也可以请校外的成功企业家担任兼职教师,作为学生实战创业的指导者。这在我国的不少学校已经开始开展,今后需要不断地完善来保证制度的延续性。

　　其次,更新和完善创业教育所需的各种基础设施。在互联网社会中,越来越多的创业教育资源可以在网上获得,因此高校需要不断更新信息设备来确保学生可以获得优质的创新创业教育资源。

　　最后,需要公私相互融合、兼顾效率与公平的创新创业教育基金。我们要充分利用社会主义制度的优越性,充分利用政府的公共财政投入,同时鼓励社会各方力量投资创新教育,来带动整个社会的创新创业氛围。

第四章

"互联网＋"时代高校创新创业教育教学与师资体系的构建

第一节　中国高校创新创业教育
实践教学体系建设现状

一、创新创业能力培养

目前,相对来说,学术界较为重视高等教育中基础教学、科研培养等方面的研究,而实践教学这种培养大学生创新创业能力的教育模式的研究则较为薄弱。总体来看,无论是在研究广度、研究宽度还是研究深度方面都比较欠缺。多数研究显得零散、单一,局限于传统的视角和领域,一般性、普遍性问题研究较多,缺乏系统性、普适性的探讨。尽管如此,随着近年来学者们的不断探索,创新创业人才培养问题和实践教学中体系的构建逐渐成为研究的热门问题,积累了此领域相当丰富的知识与经验,产生了许多值得借鉴和参考的有价值的成果。

(一)创新能力、创业能力的含义

1.创新能力的含义

创新的社会学解释是指,人们为了发展的需要,在前人已经发展或发明成果的基础上,不断突破常规,提出新的见解、开拓新的领域、解决新的问题、进行新的运用、创造新的事物。创新能力是实施创新行为所具备的本领或技能。

对于创新能力的含义,国内不同的学者对其理解和使用有很大的差异。有的学者指出创新能力是指利用已积累的知识和经验经过科学思维加工和再造,产生新知识、新思想、新方法和新成果的能力。有的学者认为,从创新能力表现形式来看,创新能力的本质在于创新,具体表现为产生某种新颖独特、有社会价值或个人价值的思想、观点、方法和产品的能力。还有的学者认为从整合的角度来看,创新能力是个人知识储备、创新思维和创新个性的多维、多层次的综合表征。其中,知识储备是创新能力的基础,创新思维是核心,创新个性是保障。尽管不同学者从不同的角度理解创新能力且给出的定义差别比较大,但它们都有助于人们科学理解创新能力的含义。

综上所述,创新能力是指创新主体利用已有的知识和经验,具备能从事创新活动的思维和能力。

2.创业能力的含义

创业能力,是在 1989 年 12 月联合国教科文组织亚太地区会议期间提出的。会议指出:"要求把创业能力教育提高到目前学术性和职业性教育护照所享有的同等地位。创业能力教育要求培养思维、规划、合作、交流、组织、解决问题、跟踪和评估的能力。"

对于创业能力的含义,国内学者主要有以下几种认识和表述。有的学者认为,创业能力不仅暗含很强的实践性,需要有一定的实践经验,也包括了较强的综合能力,需要具备较高的综合素质,它是集创造性和自我开发与实现的一种特殊的创造力,它是 3 种能力的结合:专业职业能力、经营管理能力、综合性能力。有的学者认为,创业能力是指一种主体的心理条件,它可以影响创业实践活动效率,促使创业实践活动顺利进行。换句话说,创业能力是一种以人的智力发展为核心,兼具较强综合性和创造性的心理机能,是经验、知识、技能经过类化、概括化后形成的,在创业实践活动中反映为复杂而协调的行为过程。还有的学者认为,狭义的创业能力是指自主创业能力,即除工资形式就业以外的自我谋职的能力,顺利实现自主创业的特殊能力,包括个体自身的一些特质,如创业品质、专业技能、信息处理能力、决策应变力、环境适应力。

从以上关于创业能力的观点来看,有不少观点都值得借鉴。本书比较赞同的观点即创业能力是一种实践性、综合性很强的,有创造性特征,自我开发、自我实现性质的,以智力为核心的特殊能力。

(二)创新创业能力的培养

1.创新创业能力的内涵及构成

以"创新创业能力"为主题的学术论文有很多,但是学者们在学术论文中很少提到创新创业能力的内涵,大多数是从创新创业教育角度来看的,主要有3种看法,一种理解是将创新创业能力等同于创新教育中培养的创新能力;第二种理解是将创新创业能力等同于创业教育中培养的创业能力;第三种理解是将创新创业能力理解为创新能力与创业能力的结合,其兼顾创新能力和创业能力并以创业能力为落脚点。笔者认为,这样理解"创新创业能力"是不够全面的。根据本书特点,对上述关于"创新能力""创业能力"的含义进行归纳和总结后笔者认为,"创新创业能力"强调的是学生的基本素质、创新精神和创造性思维,同时注重学生的理论知识和实践能力,尤其是自我创业意识和创新操作能力,具备能够独立自主地去发现问题、解决问题,并提出自己新观点的能力,同时又具备创业意识、对创业有所追求的能力。简单来说,创新创业能力指的是一种既具有实践能力、创新能力又具备创业潜能的复合型能力。

人们从事创新创业活动,需要各种能力,绝不是单凭一种能力或某几种能力就能达到预期目标的。要使创新创业主体能发现问题、解决问题,提出自己的新观点,构思和创造有价值的东西,就必须使创新创业能力各要素联合成一个整合体,发挥创新创业综合效用。

（1）智力是创新创业能力的基础

智力是人认识客观事物并运用知识解决实际问题的能力。知识是对事物属性与联系的认识，是人们在社会实践过程中积累起来的经验。智力包括很多方面，如观察力、记忆力、思维能力、应变能力和分析判断能力等。这些都是认识活动所必须具备的一般能力。一般的智力转化为创新创业能力，要求主体在创新创业活动中对智力因素实现有机整合，主要包括信息获取能力、创新操作能力和开创事业的能力等。

（2）创新素养是创新创业能力的核心

丰富的知识要转化为能力，在实践中产生新的成果，就在于创新素养。创新素养包括创新意识、创新精神和创新思维。创新意识指的是创新思维活动的起点，是使个体产生创造行为的内驱力，是创造的意图等思想观念。创新精神指的是创新者所具备的智力与非智力心理品质的有机结合与升华而产生的实际创造动力。创新思维是指一个人在创新过程中所产生的对新事物的认识活动，它具有多向性、形象性、突发性等特点。

（3）创业潜能是创新创业能力培养的动力

创业潜能存在于创业意识和创业精神层面，是在一定社会环境和教育条件影响下形成的与他人不同的较固定的态度和行为特征，是思维和行为相结合的体现。培养创业意识，主要包括形成创业需求、动机、兴趣、信念等；培养创业精神，主要包括形成自信心、坚韧性、敢为性、独立性、合作性等心理品质。

2.大学生创新创业能力培养的内容和意义

党的十八大报告明确提出了"建设创新型国家""以创业带动就业，提高创业能力""创业中离不开创新"等内容。大学生是最具有创新创业潜力的群体之一，高校应该深入学习科学发展观和建设创新型国家战略，深化教学改革，培养大学生创新创业的能力，这是落实"以创业带动就业，提高创业能力"，促进高校毕业生充分就业的重要措施。

基于上述创新创业能力内涵及构成的分析,笔者认为培养大学生创新创业能力应包括以下几个方面的内容。

①实践动手能力:使自己面对问题时,具备发现问题、分析问题和解决问题的能力。

②创新性思维能力:能用专业术语表述新问题,发现事物规律性的能力,具备发散性思维和非逻辑思维能力等。

③独立思考能力:能独立思考、独立判断和独立从事科研活动的能力。

④学术交流能力:能将研究成果以专著或学术论文的形式表达出来,将新的思想或知识传递给他人的能力等。

⑤创业潜能:在使自身的实践能力和创新能力有一定高度时,具备能激发自身创造力来开辟新事业、新行业的潜在能力。

对于大学生创新创业能力培养的意义,可以概括为以下几个方面。

(1)培养大学生创新创业能力是国家战略的需要

进入21世纪,各国竞争的重点已转化为经济和综合国力的竞争,归根到底是科技和人才的竞争。谁拥有具备创新型的人才,谁就能在这场激烈的国际竞争中取得更大的优势。创新是一个民族进步的灵魂,一个国家兴旺发达的不竭动力。党中央、国务院做出的建设创新型国家的决策,是事关社会主义现代化建设的重大战略决策。创新型国家的建设需要具有创新创业能力的人才。培养创新创业人才,大力推进理论创新、制度创新、科技创新,不断巩固和发展中国特色社会主义伟大事业。大力培养大学生创新创业能力是高校的首要任务和关键措施,能够有效地推动创新型国家的建设。

(2)培养大学生创新创业能力是缓解就业压力的需要

随着高校的扩招,中国大学生就业压力越来越大,就业形势相当严峻。通过创新创业教育能够有效缓解社会就业压力,因此高校全面开展切实有效的创新创业教育,培养大学生创新能力,激发其创业潜能,引导和帮助越来越多的大学生加入创新创业队伍中来,使大学生成为为社会创造价值的创业者,由寻求就业岗位的就业者变成提供就业岗位的创业者,有效缓解大学生就业难题。

(3)培养大学生创新创业能力是大学生自身发展的需要

敢于创新、追求个性,有着强烈的自我意识,渴望实现自我价值,是当代大学生的时代特征。培养大学生创新创业能力,使他们更加注重自身综合素质和能力的提升,为他们实现自身的发展提供了条件。大学生通过创新创业活动,选择适合自己发展的领域,突破和创新自己的想法,从而实现自己的人生价值。

二、实践教学体系

(一)实践教学与教学体系

在顾明远编著的《教育大辞典》中,对实践教学有一个明确的解释:"实践教学是相对于理论教学的各种教学活动的总称,包括实验、实习、实际设计、工程测绘、社会调查等。旨在使学生获得感性知识,掌握技能、技巧,养成理论联系实际的作风和独立工作的能力。"这种对实践教学的定义是从其内涵和外延来理解的。

按照系统论的思想,教学体系是指为了达到教育目的,而由教学活动相关要素构成的,并以一定稳定结构形式存在的,实现特定教学功能的,相互影响、相互作用的有机整体。对于教学体系的构成要素,有经典的三要素说,即"学生、教师和教材",但是现在大部分学者认为教学体系的构成除了学生、教师和教材外,还包括教学目标、教学内容和教学环境。

(二)实践教学体系的内涵

实践教学体系是一个有机的整体,大部分学者都认为其有狭义和广义的内涵之分。总体来说,由目标、内容、管理、评估体系等要素构成实践教学体系整体是按照其广义层面来描述的,而狭义的实践教学体系是指实践教学的内容体系。本书以广义的实践教学体系内涵作为参照,但并不局限于其设定的目标、内容、管理和评估四大要素。笔者把实验、实训、实习、毕业论文等环节作为实践教学活动,把体系的管理、评估、条件保障作为实践教学体系的环境资源来加以重新认识。笔者认为,实践教学体系是以实践教学人才培养目标为核心前提,以实践教学活动为主体内容,并以相应环境资源作为支持条件的一个有机联系的整体。

三、实践教学体系构建的理论基础

实践教学是和社会诸多领域有着紧密联系的实践活动,实践教学体系的构建也涉及各种与之相关的要素。在综合考察实践教学内涵的基础上,笔者认为实践教学与学习论的思想密不可分。它们不仅为实践教学体系设计提供理论指导,也为人们认识教育本质、确立教学目标、选择教学内容等教育问题提供重要的理论依据。

学者们对学习的探讨从未停止过,无论是行为主义心理学创造的"刺激—反应"学习理论,还是认知主义心理学家对人类认知过程及组成因素的研究,社会因素和个体因素已经成为学者们关注的焦点,特别是建构主义学习理论对教育思想产生了重大的影响。

建构主义学习理论认为,知识、技能不是被动积累的,而是学习者积极实践的结果。知识、技能的建构必须从激发学习者学习动机开始,而传统的教育模式往往是先理论后实践,实践能力弱的学生在社会上缺乏核心竞争力。因此,必须确立实践教学在创新创业人才培养过程中的主体地位。学习者的学习过程要关注知识、技能的连贯性和教学内容的情境性。使用情境教学方法,使学习内容具有真实性任务,使学习行为在与现实情境相似的情境中产生。实践教学是符合情境教学要求的,可以使学生通过具体的社会实践、实训、实习等实践环节,在解决具体问题情景中积极主动地建构自己的理解过程、创造过程。

四、实践教学体系在创新创业能力培养中的重要作用

高校通过实践教学,培养的是学生实践动手能力和发现问题、解决问题的能力,在 21 世纪创新创业人才培养的要求中,学生创新创业能力的核心就是创新,创业是在具备一定程度创新的基础上升华得到的。实践能力是创新能力发展的基石,高校构建面向创新创业能力培养的实践教学体系是符合现代教育要求和社会人才需求的。

①构建实践教学体系是连接学生理论知识和实践能力的桥梁。学以致用是人们从古至今都崇尚的知识获取和使用的目标,其实现学以致用目标的过程就是实践教学过程。实践教学培养学生运用知识、创造知识的能力,使学生能真正发挥理论指导实践的作用,为学生毕业后进入社会工作创造必要条件。

②实践教学体系是本科教学体系的重要组成部分。高校本科教学的培养目标和专业人才培养目标的实现都离不开实践教学这一关键环节。实践教学培养的是学生实践能力、创新能力和创业潜能,而只有通过实践教学体系才能更加系统化地发挥实践教学的作用,是学生能力发展的必要条件。

③实践教学是学生创新能力培养的基石。学生创业潜能的激发离不开创新能力的积累,创新能力的积累离不开实践能力的提升。没有实践能力,创新能力是不可能得到发展的。学生在实践中不断积累自己的实践能力,形成良好的创新意识,无形中就会使自己的创新能力得到逐步提升。

④实践教学的更深远的意义在于学生个体的全面发展。21 世纪,国家的发展靠人才,人才综合素质的提升是一个国家综合国力提升的表现。国家培养学生综合素质的方式,正是靠学生进入社会前,通过实践教学来逐步使学生全面发展的。

第二节 高校创新创业教育实践教学体系建设

一、当前高校实践教学体系存在的问题

近年来,中国各大高校纷纷加大对实验室的建设投入以改善实践教学条件,积极开展实践教学改革,这不仅有效促进了学生实践能力和创新能力的提升,还为实现创新型人才的培养目标奠定了坚实基础。然而,在高校实践教学改革的探索阶段,仍然存在着以下问题。

第一,对实践教学的充分认识和重视程度还有待进一步提高。目前一些高校受传统教学模式的影响,重理论轻实践、重知识传授轻能力培养,实践教学长期处于高校教学活动中的次要地位。在高校目前制订的人才培养方案中,以理论课程的知识能力培养为主,以实验环节的实践能力培养为辅,这种实践教学定位和人才培养模式已经难以满足学生实践能力和创新能力培养的需求。实践教学活动一方面使学生把理论知识联系到实践中解决实际问题;另一方面锻炼学生发现问题、分析问题和解决问题的能力,这些是理论教学难以替代的。因此,高校需要尽快转变教学观念,确立实践教学在创新型人才培养过程中的主体地位。

第二,高校实践教学改革缺乏整体规划。很多高校把实践教学体系构建的重点放在了实践教学活动上,虽然开设了实验、实训、实习等多种实践教学环节,且各个环节具有一定的时间保证,但是各环节之间缺乏有效的内在联系和有机结合,这种无序的状态与创新型人才培养目标有较大的差距。实践教学体系作为相对完整的教学体系,具有相对独立性。在建设、实施的过程中,应避免孤立性、片面性,需要紧紧围绕专业人才培养目标,运用系统性思维和整体优化思想指导实践教学体系的构建。

第三,实践教学体系的构建需要挖掘与之相适应的环境条件。与高校理论教学相比,实践教学活动的开展需要投入更多的人力和物力,不仅受到实验设备、实验场所和实践教学师资等条件的限制,而且还需要得到社会、企业的支持,操作起来难度较大。在师资队伍培养方面,缺乏具有过硬操作、技术经验的实验老师;在实践教学硬件设施的建设方面,实验室建设、设备更新、实验条件改善都需要大量的资金投入,一些有能力的高校虽然建设好了实验室,但是缺乏合理的运行和共享机制;在实践基地的建设方面,许多高校建立的校外实践基地数量不足,且其中有很大一部分稳定性不高,难以使实践基地发挥最大的效用。

二、实践教学体系的理论构建原则

实践教学体系的高效运行必须考虑到多种要素间的相互作用。在综合了创新创业人才培养范畴和实践教学体系特征的基础上提出了在构建实践教学体系过程中需要遵循的一般性原则。

(一)目标性原则

高校实践教学体系的构建必须紧紧围绕培养大学生创新创业能力这一人才培养目标来进行,要把培养既具有扎实的理论基础,又具有较高创新素养和较大创业潜能的人才作为实践教学体系的出发点。制定的实践教学体系人才培养目标应该根据高校人才培养规格、专业学科特点、发展规律及社会对人才的需求来进行明确的、有针对性的具体目标设定。

(二)系统性原则

高校实践教学体系的构建,应该根据高等教育的规律、人才培养特点,按照各个实践教学环节的地位、作用及相互之间的内在联系,运用系统科学的方法进行统筹安排。在实践教学环节的时间安排上要保持连续性,要处理好实践教学与理论教学的关系,合理分配课时比例,保持整个教学过程的系统性。实践教学与理论教学的相互衔接、相互渗透,使体系内的各个环节协调统一,贯穿于高等教育的全过程。

(三)层次性原则

大学生能力的发展是一个循序渐进的过程,因此遵循这一客观规律,实践教学体系也应分阶段、分层次逐步深化。其实践教学目标要由易到难,实践教学环节由简单到复杂,实践教学方法由单一到综合,分阶段、分层次循序渐进地加以构建。

(四)实践性原则

实践出真理,因此对实践教学体系的构建要有利于学生实践能力的培养,主要体现在实践教学目标要符合社会发展和人才需求,除培养学生的应用实践能力外,还注重创新创业能力的培养,以满足学生自主发展的需要。在教学内容上,应突出知识更新的要求,以实践、实训活动为主导,模拟真实的环境来开展实践教学。

三、面向创新创业能力培养的实践教学体系

(一)实践教学体系结构

实践教学体系的构建是以实践教学人才培养目标为核心前提,以实践教学活动为主体内容,并以相应环境资源作为支持条件的一个有机联系的整体。所以在构建面向创新创业能力培养的实践教学体系时,培养大学生创新创业能力作为实践教学人才培养目标与实践教学活动相配套的环境资源构成了体系中三大要素。这三大要素既各有内涵又相互联系、相互促进。

(二)实践教学体系构建的目标导向

创新创业人才培养目标是高校实践教学体系构建的目标导向,也是其核心前提。这指的是在实践教学体系的构建中,要把培养学生创新创业能力作为实践教学人才培养目标,把创新创业人才培养

目标贯穿实践教学体系的每个环节中,通过实践教学活动培养学生的实践能力、创新素养和创业潜能,使学生实际问题的解决能力和综合素质得到提高,使学生做到德、智、体、美全面发展。

1. 培养学生理论联系实际的能力

实践教学的首要任务就是要求学生能将理论知识与实践动手能力相结合,将课堂教育与社会实践相结合。这样在学生进入工作以后,就能学会理论联系实际,充分利用理论知识来指导思想,去观察、处理问题,解决实际工作中遇到的现实问题。

2. 培养学生发现问题、解决问题的能力

在用人单位看来,现在的大学生发现问题、解决问题的能力并不理想。因为实践经验的缺乏,在工作中很难发挥高学历知识教育的优势。因此要通过实践教学,积极地调动学生的观察力、理解力和思考力。

3. 培养学生创新能力、激发学生创业潜能

创新对 21 世纪人才培养的意义尤为重要。在日新月异不断变化的世界环境中,具备创新能力的人才能发挥举足轻重的作用,为社会发展做出贡献。通过创新能力的不断提升,可以使学生富有创造力,激发创业潜能,开辟新的行业和领域。

高校要依据自身的学校定位,适当调整各学科教学计划,以培养学生创新创业能力教学理念为指导,突出实践教学体系各环节的连贯性和整体性,完善实践教学内容,积极培养学生实践能力,满足新时期学科专业发展对专业人才的需要,力争实现创新创业人才培养目标。

四、实践教学体系构建的主体内容

按照不同的教学目标,遵循实验内容深度的递进、实践技能层次的递进、综合应用水平的递进原则,实践教学活动主要包括基础实践

阶段、专业实践阶段和综合实践阶段 3 个层次阶段。通过这 3 个实践阶段,学生可以合理地、循序渐进地安排实践教学活动,将创新创业人才培养目标和实践教学内容具体落实到各个阶段中,达到学生实践能力、创新能力的培养要求。其中,每个层次阶段都有不同环节的实践教学活动。

基础实践阶段是专业能力初步锻炼的阶段,对加深理论知识的理解、弥补课堂教学的不足起着重要作用,是专业实践阶段的前提。基础实践阶段主要包括课程实验、社会调查和参观见习 3 个部分,重点培养学生基本技能和基础实验能力。课程实验的教学目标是以理论知识为支撑,使学生具备以操作能力为主的基础实践能力,通过实际操作和应用来发现和解决问题。社会调查通过实地调查研究,促使学生去验证和解决课程中遇到的理论性问题。参观见习的目的是增长自身专业知识的见识,主要通过老师带团参观与专业相关的校外单位等方式进行。

专业实践阶段是在经过专业知识的系统学习之后,开始把所学知识运用到科研探索中,强调专业实践的重要性,是对学生科研能力培养的有益尝试。专业实践阶段主要包括课程设计、项目实践和专业实训 3 个部分。课程设计对培养学生提出、分析和解决问题及初步形成科学研究的专业综合能力起着重要的作用,是巩固所学理论知识的重要途径。学生的课堂学习时间有限,不可能完全掌握学科专业知识,所以项目实践环节可以使学生根据自己的特长,选择感兴趣的某一专业项目,在教师的指导下,以项目小组的形式组合在一起学习和研究,通过互帮互学来培养团队精神和融会多学科知识的能力,培养学生设计实验的能力。专业实训主要采用校企结合的形式,由学校老师和企业老师带队,走到实际的工作环境中,让学生亲身体会到未来的工作状态,帮助学生及早适应工作环境,使其满足行业需求,也是连接校内学习和企业需求的桥梁,也是毕业实习的一个提前模拟。

综合实践阶段主要包括科研竞赛、毕业实习和毕业设计 3 个部分,重点培养学生综合实践能力和创新能力。在科研竞赛中,学生在学校指导教师的辅导下,可以参与老师课题研究、科研立项和大学生创新性实验项目等学术活动,也可以参加本专业的各项竞赛活动等,锻炼学生把理论知识与实践相结合的能力。为了能让学生在毕业实习的时候尽快进入工作状态,适应真实的工作环境。毕业实习是学生自己参加到相关企业部门中去,并没有教师从旁指导,学生真正投入到实际工作中,发挥自己的综合能力,解决问题,并给企业创造经济效益。学生在毕业实习中积累工作经验,为就业做准备。毕业论文是和毕业实习相辅相成的一个实际活动,毕业论文的主题来自学生对毕业实习过程中专业知识的总结和升华,体现出学生的科研能力和创新能力。

五、实践教学体系构建的环境资源

实践教学体系的构建必须有一系列教学硬件和软件的提供才能保障实践教学的顺利开展,这些软件和硬件构成了实践教学体系的资源环境,其主要包括实践教学体系构建的前提条件、环境保障、质量保障等多个方面。

(一)完善实践教学管理机制是高校实践教学体系构建的前提条件

适合创新创业型人才培养的实践教学体系必须要有与之相适应的实践教学管理机制作为其前提条件。其管理机制包括以下内容。

1.分级组织管理

高校实践教学管理实行校、院二级管理体制,由学校负责对实践教学制定相应的管理办法和措施,各二级学院作为办学实体负责实践教学的组织和实施。

2.教学制度管理

目前大部分高校的学生必须按照专业教学计划,接受相同的教学内容,而不能自主选择个性化的课程,这样并不利于大学生实践创新能力的培养。完善实践教学制度,需要实行"弹性学分制",保证学生获得学分途径的多样性和灵活性,促进学生创新能力的最大化发展。

3.运行评价管理

建立起包括学科专业资源、软硬件条件、校内外实训实习基地等实验教学资源有效利用和共享开放的机制,保证实践教学资源得到最大的有效利用,为实践教学活动的开展提供可靠保障。同时,需要对实践教学的各个环节制定相应的评价反馈机制,利用这种机制来促进实践教学质量的提高,通过评价反馈保证实验教学改革的顺利开展,对实验教学资源的有效配置与利用起到了良好的监督与指导作用。

(二)实践教学基地建设是高校实践教学体系构建的环境保障

实践教学基地建设可分为校内实训基地建设和校外实习基地建设两个方面。校内实训基地主要是面向本校师生,采取校企结合的模式,在校内开设企业培训课程,进行企业模拟实践项目,能体现学校管理和专业特色的实训场所。校外实习基地需要依托企业的老师,按照企业生产实践的真实需求,参与学生的校外实习教学环节的管理和指导工作。良好的实践环境是培养学生实践能力和创新能力的重要基础,所以高校应该确立以校内实训基地发展为核心,扩展校外实习基地,采取校内外共建相结合的思路,为推进高校实践教学改革提供基本环境保障。

(三)高素质的实践教学师资队伍是高校实践教学体系构建的质量保障

近年来,很多高校开始认识到,实践教学人员已不再是传统观念中的教辅人员,而是教学活动的主体。实践教师队伍素质的高低,直接关系到学生实践能力、创新能力培养的好坏,因此高校要加强实践教学师资队伍的建设,以适应新的实践教学体系要求。高校要抓好"双师型"实践教学师资培养工作,通过各种培训、培养途径,使他们既具备扎实的基础理论知识、较高的教学水平,又具有很强的专业实践能力。同时,建立完善的考核体系,鼓励教师参加实践教学工作。

第三节 "互联网＋"时代大学生创新创业支持体系构建

一、基本思路与原则

在"互联网＋"快速发展的今天,大学生创业遇到了许多困难,有资金方面的、有政策方面的、有技能方面的,还有服务方面的。虽然一些高校开展了大学生创业培训,但是仅靠这些是不能很好地为大学生成功创业服务的。支持服务高等学校毕业生创业是一项系统的工程,需要一个完整、成熟的教育服务支持体系。目前中国尚未形成一个完整的创业支持体系,而在发达国家尤其是美国除了有先进的创业教育体系和完善的理论支持外,还有一套比较系统完善的支持大学生创业政策体系,为大学生创业提供了有力保障。因此,可以借鉴发达国家的经验,结合目前中国大学生创业服务体系中存在的不足来完善创业支持体系。完善大学生创业支持体系是一个漫长艰辛的过程,绝不能为了求快求方便而照搬照抄国外先进的创业支持体系而忽视中国的具体国情。应该本着实事求是的原则,吸取国外经验,在实践中不断完善大学生创业支持体系,以切实保障和落实大学生创业相关服务工作。

二、大学生创业支持体系的构建

建立一个以家庭、社会、国家为基础的,适合中国国情,符合大学生当下要求的,较为全面的创业支持体系,以帮助大学生更好地认识创业的方方面面,帮助大学生克服在创业过程中所遇到的困难,全面地鼓励支持大学生充分地发挥自己的主观能动性,创新思想,突破自我,积极创业,为展现中国大学生自身的真正价值、促进中国经济快速腾飞而努力。

(一)构建完善的创业政策支持体系

中国自改革开放以来,经济增长速度保持在10%左右,在这样良好的经济环境中,有着潜在的、巨大的创业机会。然而在中国现行的市场经济体制下,仍然有许多不完善的地方,大学生创业如果一味地像美国一样靠市场去主导,初出茅庐的大学生企业势必会举步维艰,从而影响到大学生再创业和其他大学生创业的信心和积极性。中国政府和社会组织应该从各个方面制定一系列政策和措施来鼓励大学生创业,方便大学生创业,保证大学生创业,使其真正成为中国经济前进的重要力量。

1. 创业鼓励

政府、高校、社会组织在制定各项政策鼓励大学生创业的同时,要让尽可能多的大学生了解和知道这些政策的存在。以前的情况往往是政策虽在,但无人知晓,有些大学生会因此打消创业的念头。社会各界应该通过各种媒介深入宣传鼓励大学生创业的基本政策和措施,让广大有创业潜在想法的大学生通过了解这些鼓励政策来产生其心灵上的共鸣,从而将创业理念转化成创业现实。同时,要深入报道大学生创业成功的典型案例,树立创业者在大学生心中的典型形象,建立一个十分轻松、友好的创业氛围。社会各界也应该加强合作,开展一些适合大学生创业的社会活动,给予大学生一些创业奖励,增强他们的创业积极性。

2. 税费减免

政府和社会各界要鼓励大学生创业,就要在税费上下功夫,简化大学生创办企业和企业运营中的各项程序,减免相应的行政管理费用,减轻企业的负担,同时在各项税收中给予企业更高比例的优惠。

3.技术支持

大学生企业在创办后很可能会遇到一些核心的技术问题而阻碍其进一步发展,这时候政府需要制定相关的法律法规保证大学生企业核心技术的获得,特别是要求国有企业和知名企业在条件允许的范围内尽量和大学生企业进行技术交流,在技术层面给予大学生企业一定的援助。高校的科研力量也可以成为帮助大学生企业改良技术的有力平台,像日本经济产业省那样将高校老师和同学的科研成果转化成产品。同时大学生企业在产品获利后要反哺学校的科研力量,进一步促进高校的科研水平,从而形成一个教学—科研—产出的良性循环。

4.项目支持

大学生企业在创办之初尽管有好的发展前景、运营模式,但如果没有好的项目,不能营利,仍然不能使其长久地生存发展下去。大学生刚刚毕业,没有足够的关系网和社会网,市场渠道的不畅会导致大学生创业的失败。政府和社会组织应该正确、合理、积极地引导,分配一定比例的政府采购项目和社会采购项目给大学生企业,帮助其顺利拿到订单和合同。

(二)构建完备的创业教育支持体系

高校作为大学生创业前期理论学习的基地,对于培育大学生相关的专业理论知识、创业基本技能及大学生的艰苦奋斗、持之以恒、敢于创新的企业家冒险精神有着十分重要的作用。中国政府相关部门对高校的创业教育十分重视,1999 年 1 月教育部就颁布了《面向 21 世纪教育振兴行动计划》来构想适合中国国情的高校创业教育,并且教育部高教司于 2004 年确定了清华大学、中国人民大学、武汉大学等 9 所高校作为创业教育的试点学校来真正实施中国的创业教育。然而由于各方面的原因,这些举措都没有很好地执行和推广下去,导致中国大学生创业积极性不高,创业理论知识储备不够,创业者基本素质没有得到很好的锻炼。创业教育是成功创业的重要因素,有必要大力开展创业教育,为大学生创业奠定理论基础。

1.纳入学分

高校要把创业教育纳入学分体制,使创业教育成为如同专业课一样的必修课,使尽量多的大学生接触到高校的创业教育。对创业教育任务的评估也会使高校的创业教育更加灵活丰富,各种创业技能、创业培训、创业活动的开展都将是大学生拿到学分毕业的必要环节。因此,将创业教育纳入学分是高校进行创业教育的有效前提,有利于创业教育的普及。

2.课程设置

在成功将学生吸引到创业课堂里后,如何让参加创业相关课程的大学生保持兴趣、积极投入,从而能够真正掌握相关的创业理论、创业理念就成了高校创业课程设置所要关注的问题。课程设置的核心问题一方面是在各个高校的各个特色专业和相关专业开设渗透性的创业课程,使类似于化工、机械、生物等理工科的专业和法律、文史、会计等文科性的专业都有可以创业的切入点,并能够有机地结合文理专业,使学生和老师能够充分地交流,理解全面特别的创业理念;另一方面考虑到在调查问卷中绝大多数大学生更在意的是创业相关课程的内容和形式,可以摒弃以前传统应试教育老师讲课、学生听课的死板模式,借鉴如美国百森商学院的圆桌会议、MIT的创业课程试验、斯坦福的模拟商业谈判等这样的创业课程形式,使学生能够充分地了解和模拟今后的创业流程,并在此过程中结合灌输相关的创业知识,使其在模拟试验中自觉地克服创业困难,培养冒险精神和创业品质。这不仅使高校的创业相关课程更加灵活生动有趣,也起到了培育大学生创业者素质的作用。

3.创业竞赛

美国百森商学院和德州大学奥斯汀分校最早于1984年在高校内

开展创业计划大赛,后来美国的多所高校如纽约大学、斯坦福、芝加哥大学等都开展了相应的创业计划大赛,鼓励大学生创业。中国清华大学也于1998年开展"清华大学创业计划大赛",之后的"挑战杯""大学生创业求实杯"等多项创业大赛也相继开展,并取得了一系列成果。

(三)构建强有力的创业资金支持体系

企业的创建、运营、维系都需要资金的注入,资金链状况的良好对于一个企业正常健康的发展有着相当大的作用。资金困难是大学生创业的第二大难题,只有切实有效地通过各种渠道引入资金,才能支持大学生将创业构想转化成创业成果。因此,建立和完善以家庭、学校、政府、社会为基础的资金支持体系对于大学生创业有着极其深远和实质性的影响。

1. 家庭支持

从对大学生创业基本状况的调查来看,超过70%大学生的创业原始积累,也就是常说的"第一桶金"是来自于家庭、亲戚、朋友。这一方面说明在现行的金融市场上,想要通过商业信贷来支持创业还十分困难;另一方面也说明相关的法律法规和优惠大学生创业的资金政策还不完善,亟待完善。家庭资金支持除了指大学生的自有资金和通过亲戚朋友的帮忙所获得的资金和物资外,还包括家庭对大学生创业的精神支持,精神支持是指家庭赞同大学生的创业行为,减轻大学生毕业后对其成家立业、赡养父母等的经济负担,能够容忍创业所抛弃的机会成本和创业失败的损失,相当于减轻了大学生创业负债的压力。这两方面的结合对于大学生创业初期生理和心理的压力有极大的缓解作用。

2. 学校支持

高校的资金支持可以有效减轻大学生创业的时间成本,缩短创业周期,使其在高校内专心于理论知识的学习、创业技能和创业品质的培养及创业计划和创业构想的实施。高校的资金支持可以从 3 个方面去实施完成：一是将科研成果进行商业化；二是举办高品质的创业竞赛进行创业奖励；三是直接设立创业种子基金。中国有很多大学也相继设立了创业基金，这都使其成为创业教育和创业支持工作的示范学校，有力地支持了大学生创业。

3. 政府支持

大学生在创业初期遇到困难时最希望得到高校和政府的援助，政府对大学生创业的资金支持也可以从以下三个方面去入手：第一，相应的资金政策。除对大学生创业减免相关的税费外，降低大学生创业的门槛，也是一种很好地减轻其创业负担的办法。第二，银行贷款。政府可以硬性规定国有商业银行设定一定比例的商业贷款给大学生企业，贷款利率在各地做相应的调整，同时建立适合的担保预约制度，保证大学生可以相对容易地进行融资。第三，政府设立创业基金。

4. 社会支持

社会的资金支持主要是指通过市场上的一些民间组织及市场力量来帮助大学生企业融资，这是对大学生创业融资的一个补充。整合各方力量，对大学生企业进行融资援助，具体有以下三个方面内容：第一，中国的民间 NPO（非营利组织）可以联合一些专门的机构投资者对项目较好的大学生企业进行风险投资，这也是国外比较常见的一种投资方式，尽管是带有股权性质的投资，但机构投资者会在咨询、财税等各方面对大学生企业进行援助，这也是本章比较推荐的融资模式，它增强了大学生企业的存活率。第二，中国民间 NPO 可以组织一些企业来投资与其发展方向相关的大学生企业，作为加盟公司、旗下公司、技术联合等，这将对双方的发展起到积极正面双赢的作用。第三，民间 NPO 直接资金援助或者直接贷款，但是可能由于资金数量小、利率高，所以贷款的大学生需要反复斟酌，有一定的局限性。

(四)构建完善的创业服务支持体系

助力大学生创业获得成功需建立一套完整的服务支持体系,这为大学生创业起到润滑剂的作用。

1.创业基地

大学生在获得了创业资金、创业项目之后,往往需要一个固定的办公场地进行日常的管理办公、生产办公、科研开发办公等,而创业基地,有时候我们也称"孵化基地""孵化园",这些就能够满足大学生这样的需求。这种创业基地往往固定建在大学校园或经济产业园中,可以在办公后将自己的创业构想转化为创业产品并在市场上销售,如果不能将创业构想进行盈利化、市场化,那么大学生创业的失败则不可避免。由于缺乏市场经验和营销渠道,支持大学生创业需要政府、高校、社会的市场导向支持,除了在政策支持中提到的政府要拿出一定数量的政府采购合同给大学生企业,帮助其拿到订单外,也需要广大的社会力量将大学生企业所在领域的相关信息进行资源共享,最大程度降低信息不对称的负面作用。大学生创业者要在政府、高校、市场的引导下更好地了解自己从事的相关行业信息,确认自己的客户资源,完成市场细分,对自己核心的领域做到有的放矢,成功创业。

2.管理服务

创业支持体系不仅要让大学生企业成功地建立,更重要的是如何让大学生企业健康成长,不断壮大。因此,管理服务水平的高低将直接影响大学生企业的后期存活率和发展状况,本书也从以下三个方面进行概括:第一,在创业基地、大学创业园等设立专门的管理服务部门,对大学生企业所遇到的法律、财税、会计等相关的企业基础常识提供咨询与援助,使大学生企业尽量少走弯路。第二,内部管理。内部管理是要让大学生创业者了解企业的产权结构和现行的企业组织结构,在合理的分配和设计下,能够让企业不至于产生一些不必要的纠纷和问题,从而让企业在创办后能够较为良好地运转。第三,对大学生企业的相关人员进行再培训。培训的内容不再是创业的相关问题,而是关于行业内的基本问题,包括在企业内任职不同的员工应该承担哪些相应的权利和责任并具备怎样的素质和能力,努力提升企业的核心竞争力,使大学生企业能够尽快做大做强。创业集群辐射效应使创业的大学生都在这个孵化基地进行创业,相互交流,提高了大学生企业的存活率。

三、大学生创业支持体系构建的对策建议

这些年来,从中央到地方,政府对大学生就业创业给予了高度关注,纷纷出台了各种措施鼓励和引导大学生就业创业,这也是一项民生工程,关乎千家万户,关系每个毕业生家庭的幸福,关系社会的和谐稳定。随着政策效应的产生,大学生创业的热情不断增加,这为政府、高校、社会完善和实践大学生创业支持体系提供了实践平台。

(一)创业形势分析

互联网能使创业成为一种生活方式,让创业教育成为一种思维,具有开放性、包容性。利用互联网技术平台可以实现不受时间、空间约束的立体式教育。

1.政府政策制度体系的支持

随着社会经济的发展,国家也越来越重视创业和创新,正在加快改革科技成果产权制度、收益分配制度和转化机制,让科研人员取得更多股权、期权等合法权益,更好地体现知识和创造的价值。同时,不断简化创业行政审批手续,降低创业门槛,加大对创业和创新的扶持力度。另外,也正在大力破除技术壁垒、行政垄断的藩篱,营造公平竞争的市场和法治环境,构建支持创业和创新的制度体系。

2.经济发展的内在需求

大众创业、万众创新是经济增长的新引擎。当前,中国经济从高

速增长阶段进入中高速阶段,传统依靠丰富廉价劳动力发展经济的方式已经无以为继,经济增长动力不足是经济发展最为核心的问题,因此必须要为经济进一步增长找到新的引擎。随着经济向形态更高级、分工更复杂、结构更合理的新常态过渡,增长驱动力必须由要素驱动、投资驱动转向创新驱动,这既是经济发展的阶段性特征,也是现实选择。

3. 全民创业的文化环境

"80后"这一批受过高等教育的年轻人正在成为社会劳动的主力军,他们在思想上更开放,更具有国际化的视野,也深受互联网的影响,创新创业文化已经深入到他们每一个人的内心深处。创业文化也成为现今年轻人中流行的文化。随着国家的鼓励和推动,全民创业的文化氛围也越发浓厚。

4. 个人价值实现的重要方式

创新创业为每个人提供了一个勤劳致富、实现梦想的公平机会,创新创业也正在成为实现个人价值的重要方式。

(二)大学生创业方向建议

1. 利用电子商务线上创业

"互联网＋"为大学生创业提供了巨大的方便的平台,大学生可利用网络平台创业。大学生开店,一方面可充分利用高校的学生顾客资源;另一方面,由于熟悉同龄人的消费习惯,因此入门较为容易,如淘宝、微商等。

2. 利用网络技术、技能创业

大学生群体不乏网络高手,又身处科技前沿,有"近水楼台先得月"的优势,百度、网易、腾讯等大学生创业企业的成功,就是得益于创业者的网络和技术优势。有意在这方面创业的大学生,可积极参加一些创业大赛,获得更多的机会,以便吸引风险投资和慈善投资的关注,如软件编程、网络服务、动画开发等。

3.利用互联网进行在线智力服务

在智力服务领域创业,大学生游刃有余,智力是大学生创业最丰厚的资本。智力服务创业项目门槛较低,投资较少,比如家教、程序检测、设计、翻译等,一张桌子、一台电脑就可以开业。

4.连锁加盟领域

据调查,在相同的经营领域中,个人创业的成功率低于20%,而加盟创业的则高达80%。对创业资源十分有限的大学生来说,借助连锁加盟的品牌、技术、营销、设备优势,可以通过较少的投资、较低的门槛实现自主创业,如快餐业、家政服务、校园超市、数码快印等。

(三)大学生创业支持体系构建对策建议

大学生创业的培育和引导,是一个长期的过程,除需要政府、社会等各个方面的共同努力外,还需要充分利用当下互联网经济发展势头,以"互联网十"思维促进大学生成功创业。

1.以"互联网十"为载体构建高校创业教育体系

(1)利用"互联网十"技术构建适合各区域创业教育课程体系

创业教育课程是创业教育理念的主要载体和实现创业教育目标的重要手段,是创业教育实施的主要途径之一。根据高校所在区域学生的特点和需要,利用"互联网十"技术构建立体式、全天候、高覆盖的自助课程体系,如开发专门的创业教育网站,网站涵盖创业经典故事、创业网络课堂等;制作"碎片式"手机 APP 移动创业课堂,给予一定的流量补贴,鼓励学生随时随地学习创业课程;建立校方创业微信群,让创业者有问题可以随时得到解答等。

(2)基于"互联网十"技术构建高校创业教育实践体系

创业是一种实践性强的活动,要利用"互联网十"技术设置一系列创业实践活动,改变传统的实践方式。例如,构建线上线下创业实践平台体验、网上模拟创业;校方可利用"互联网十"技术建立网上大学生创业园,组建虚拟学生创业公司,线上线下实战经营;建立远程创业视频系统,与创业教育专家和创业成功人士互动交流。创业实践活动要突出"创造性、实践性"特色。

（3）以"互联网＋"技术为支撑建立高校创业教育评价体系

创业综合素质、创业能力的提高、创业学生的数量等方面指标不能全面反映创业教育状况的实际,为更好地确定创业教育实施情况和最终效果,需利用"互联网＋"技术建立以创业率、创业成功率、创业教育影响力等因素为核心指标的创业教育评价体系;建立相关模型,用大数据分析法得出科学结论,以推进创业教育健康持续发展。

2. 强化学生创业教育和指导,培养大学生创业理念和创业能力

在传授专业知识的同时,应将创业教育纳入高等教育的课程体系,改革人才培养方案,使创业教育成为大学生的必修课程,向学生进行系统的传授,培养大学生的创业意识和创业能力。在大学生实习阶段,对有创业意愿和创业能力的大学生,高校就业指导部门应及时将其推荐到大学生成功创业的企业或其他创业型企业中进行学习交流和实习实践,增加大学生对创业的感性认识,积累创业经验,增强创业自信。

3. 为大学生创业提供个性化扶持,提高首次创业成功率

政府部门在简化大学生创业审批程序、放宽对创业注册资金和场所的限制、减免创业行政收费、落实税收优惠政策等基础上,还要结合大学生文化水平高、综合素质高、社会经验少的特点,引导其从事与所学专业或兴趣对口的创业项目,将个人兴趣、专业与创业方向结合起来,并成立由高校专业教师和创业企业家组成的"创业导师团队",对刚起步的大学生创业企业进行一对一的帮扶。

4. 大力开展创新创业竞赛活动

社会和科技部门应通过开展"大学生创业创意大赛"和"大学生

创新创业分享沙龙"等活动,鼓励和引导大学生将创新创意转化为创业项目,营造大学生创业的良好氛围,并以此活动为契机,搭建大学生与创业伙伴及创业投资人的线下沟通交流平台。高校或相关政府部门应针对大学生缺乏社会经验、人脉资源、企业管理经验和销售渠道等情况,根据不同创业大学生的专业优势和性格特点,积极组织协调多个大学生进行共同创业,各司其职、优势互补。政府应开展创业实训、模拟运作、孵化培育等公共服务,并鼓励和引入民间、社会力量组织专门的创业指导机构,为创业者提供法律、投资、财会等专业服务。

5. 充分运用"互联网+"新理念,打造大学生创新创业新模式

对大学生创业企业,特别是传统产业的企业,应充分运用"互联网+"新理念,将传统企业与互联网完美融合,走信息化与工业化相融合的路子。对于大学生创立的小微科技企业,应充分利用互联网优势,为企业打造一个开放式创新平台,采取"众包"模式,汇聚全社会的创新力量,并以此为载体,为客户提供各项个性化的服务和体验,加快企业创新和个性化发展步伐。

6. 基于互联网技术搭建众创服务平台

政府应适应新型创业型孵化平台的特点,简化登记手续,对"众创空间"的房租、宽带网络、公共软件等给予适当补贴,尽量降低搭建平台的成本,让青年人特别是大学生的兴趣与爱好转化为各种创意,通过网上"创客联盟"、网下"众创空间"等平台将其汇聚起来,逐渐把孕育于移动互联、根植于创业草根、适用于创新创意的空间打造成培育各类青年创新人才和创新团队的平台,在创意者、创新者及投资人之间实现信息对称、项目对接、资本对接的创新型创业孵化综合服务平台,努力把各种创新创意转变为现实。鼓励科技创业企业充分发挥网上"创客联盟"和网下"众创空间"平台的优势,集中开展技术难

题攻关和创新创意研发,这样不仅能降低企业科研成本,而且有利于营造"万众创新"的社会氛围。

7.积极搭上互联网经济发展势头,引导大学生开展电子商务创业

开展大学生网上创业模拟实训,提高创业人员的操作能力,打造大学生电子商务创业实践基地。积极引导大学生电商企业进驻电商创业园,为大学生电商企业提供电商培训、电商企业孵化和运营的一体化服务。对大学生电商创业实行以奖代补,并对创业初期的小微电商企业进行社保补贴和场地租金补贴的提供。

8.加大资金扶持力度,拓展创新创业融资形式

目前,中国高等学校毕业生创业的特点决定了毕业生们更需要风险投资,因为他们是刚毕业的学生,资金缺乏,中国的风险投资体系不够完善,信用制度很不健全,融资是高等学校毕业生必须要解决的问题,不然创业就无法进行下去。为此,政府应该主动牵头,搭建大学生创业的融资平台,为其融资创造有利环境,建立大学生信用体系,加快和完善资本市场体系建设,为大学生创办的中小企业建立成熟的融资、投资体系。另外,政府可以对帮扶大学生创业的社会企业给予一定的奖励,引导社会力量支持大学生创业发展。

各级政府应设立专门的大学生自主创业储备基金,重点资助本地区具有一定科技含量与良好发展前景的大学生创业项目。同时,可考虑将下岗失业人员小额担保贷款的申请范围扩大到创业的大学生,扩大大学生创业扶持资金的来源渠道。另外,充分发挥"种子资金"的带动效应,由政府出少量资金,带动社会和民间资金力量,成立"大学生创业风险基金",再由第三方专业机构对申请资金的创业项目进行风险评估,通过评估后的创业企业可获得基金支持。政府和金融系统应支持大学生创业企业通过成熟的金融市场获得更多的资金,发展多种融资渠道,如以大学生申请的专利或其他知识产权来进

行融资,为大学生创业提供更多资金支持。

在推动小额贷款公司发展时明确小额贷款毕业生创业贷款的比例;制定政策规定各商业银行对高校学生创业贷款计划单列,加大贴息贷款力度。建立中小企业信用担保体系,促进银行贷款向高校学生创业企业倾斜。设立高等学校毕业生投资机制,形成大学生创业助推器。

9. 整合社会创业政策,提高大学生创业的服务保障能力

梳理政府对社会各类群体的创业优惠政策,实现政策的普惠性,放宽对大学生创业注册资金和场所的限制,落实税收优惠政策,加强大学生创业园建设。建立创业园人才信息库,提供园内创业大学生的信息交流平台;建立定期为创业企业提供与园外企业学习交流机制,全方位、多层次地为大学生创业服务;依托大学生创业园和创业孵化基地,对有创业意向的大学生免费提供创业指导、创业培训、税费减免、小额贷款等"一条龙服务",切实提高大学生创业的服务保障能力。

10. 建设创业实践基地,激励和满足大学生创业需求

创业环境通常指的是围绕创业成长发展而变化的,并对企业实时产生影响的一切因素的总和。创业环境具有区域性,不同的地方,其社会结构、经济发展水平不一样,给予的优惠帮扶措施也不一样,这些因素都将对创业企业产生重要影响。

大学生创业基地具有社会公益事业性质,政府应在资金上、政策上给予支持,但从国家和目前一些地方财政的承担能力看,不能完全依赖于政府的支持。创业基地要通过探索和开发满足市场需求的服务产品、服务方式,不断提高创业基地的自我生存能力和自我发展能力。要把承担政府政策性、公益性目标与基地的自主发展结合起来,积极寻求自主经营和可持续发展空间。

政府要加强大学生创业基地建设和高科技创业孵化器的建设,

要建设专门的创业园,通过集聚效应降低大学生创业风险,提高其创业成功率。在大学生创业园区内建立完善的帮扶机制,引导社会力量、民间资本参与大学生创业。另外,通过孵化科技产品,加快项目转化,从而帮助大学生成功创业,促进大学生创业。要整合有限资源,有针对性地支持创业项目,形成规范的、科学的支持体系,从而为大学生创业建立一个公正合理的支持帮扶系统。

11. 提供完备的创业指导咨询服务

建立与完善中小企业社会化服务体系是《中华人民共和国中小企业促进法》的规定。中小企业社会化服务体系是以服务社会各类中小企业为宗旨,以营造良好经营环境为目的,为中小企业的创立和发展提供多层次、全方位、网络化、社会化服务。高校学生创业支持体系就是这个网络的一部分,只有构建一个好的网络,才能够提供好的服务。

构建高校学生创业支持体系,一是要树立以人为本的服务理念,从高校学生创业的实际需求出发,不断完善和创新服务内容。服务的重点包括:为有意创业的高校学生提供创业咨询、创业指导与策划、创业培训等服务;为注册登记2年内的新创办高校学生创业企业提供财税、法律、劳保、外贸等代理服务,也包括政策与信息服务,管理咨询服务,技术服务,融资指导服务,人员培训服务等。二是鼓励各类服务机构多渠道征集、开发创业项目,建立"创业项目信息库"和"创业者信息档案库",及时为高校学生创业提供服务,帮助高校学生掌握基本创业技巧,指导制定创业计划书,规划创业项目,帮助其实现创业。通过多方面的指导帮助,采取多种形式来帮助高等学校毕业生创业,并构建合理的支持服务体系,使大学生能成功创业。

建立高素质的创业教育培训的辅导员队伍是创业教育服务支持工作的基础。各级政府和相关职能部门要把当地各行各业有经验的人组织起来,如优秀的企业家、法律专家、管理咨询专家等,从而为高校学生创业服务。要建立创业辅导员选聘及管理制度,使其成为地方创业服务的重要力量。有条件的地区可以组织"专家咨询学生""创业服务志愿学生活动",深入实际来开展高校学生创业服务。

12.多措并举提升大学生创业能力

长期以来,由于传统观念影响,大学毕业就是读研,或就业、出国等,这样的培养模式束缚了大学生创业的思想和行为,创业教育和培训严重缺乏。为此,对大学生进行创业教育培训势在必行。创业培训教育是激发和提高大学生创业能力的重要环节,家庭教育同样缺乏对大学生创业进行教育。因此,为培育大学生的创业精神和理念,使其树立一种创新意识,高等学校必须改变传统的教育模式,转变教育观念,加大创业教育的力度,不断根据变化的形势来实时设置创业教育课程,把创业教育纳入教学计划,形成一个完善的创业教育课程培养体系,使学生的创业能力和潜力能得到充分发挥,形成良好的创业教育氛围,促进大学毕业生积极创业。学校应该设立有关创业教育的激励机制,把教师的积极性也充分调动起来,不断指导帮助大学生创业,建立一套合理的、有效的帮扶体系,保障创业教育的顺利进行。

大学生创业教育是多方面的,仅靠高校本身是远远不够的,必须得到政府的大力支持、企业的鼎力相助。企业家走进校园为学生授课,讲授实战经验,为大学生创业进行指导;政府整合有限资源,有针对性地帮助大学生创业。只有在全社会营造良好的创业支持氛围,从支持大学生创业中受益,才能真正建立起社会的支持体系,高校学生创业教育才能得到长足发展。

13.为大学毕业生创业配备"师傅"

大学毕业生刚创业,一个很重要的方面就是缺乏实践经验,给他们配备"师傅",也就是创业导师是十分必要的。导师是校外的有实战经验的企业家或职业经理人等,对大学毕业生创业过程中遇到的问题能及时解决,使学生少走弯路,为他们提供必要的帮助,这样能提高其创业成功率。具体措施如下:举办拜师会,学校聘请相关项目的企业家,学生和导师相互了解、双向选择,这样就可以加强对学生创业实践的针对性指导。

14.建立挫折"发泄坊"

学校不仅要对创业成功的大学生进行表彰,大力宣传,也要为创业受挫的大学生营造包容鼓励的良好氛围,这样大家才不会害怕创业,对创业才不会恐惧,就会把创业当作一件平常的事情来做,这样压力就更小了,更有利于全心投入到创业项目中,也就会有越来越多的人加入创业的大军中来。如举行创业经验座谈会、创业失败总结会,对创业失败者进行"把脉",疏导其情绪,加强再培训等,建立创业受挫"发泄坊",让其在一定范围内充分释放情绪,然后再重新整装出发,改进不足,完善手段,继续运营创业的项目。

第四节　中国高校创新创业教育师资体系建设现状

中国高校创新创业教育师资建设现状可概括为以下四个方面。

一、队伍初步形成,结构比例失调

随着高校创新创业教育的广泛开展,创新创业教学从过去的自发教学,转变为有组织、有目的的教学活动,初步形成专门的教师队伍,以上海交通大学、温州大学、华南师范大学三校为例说明。

上海交通大学设立虚拟创业学院,明确了"面上覆盖、点上突破"的指导思想,以及"使创业学院成为培养未来产业巨子的摇篮"的发展愿景。在师资队伍上,学院设立了由 17 人组成的战略专家咨询委员会、14 人组成的教学指导委员会和完善的行政机构,构成了系统的三级管理体系。

温州大学将"培养德智体美全面发展,具有创新精神、创业能力和社会责任感的高级应用型人才"作为学校人才培养目标定位,通过将创新创业教育与专业相融合,带动全校教师参与创新创业教育教学。成立的创业人才培养学院负责全校创业教育规划与实施。学院有专职工作人员8人,同时组建由校内外专家、教授、教师等构成的师资队伍70余人,其中企业家创业指导师32人,KAB项目师资41人。

华南师范大学成立创业学院,秉持"开放、实操、效果、可持续"的教育理念,面向全校研究生、本科生开展创新创业教育。现有师资百余人,其中40人具备KAB、SYIB资格证书,聘任50余名企业家作为校外创业导师。

中国高校创新创业师资研究显示,现阶段中国高校各类师资框架初现端倪。但是,由于师资队伍建设工作开展不久,缺乏明确的建设目标,呈现出的师资结构比例失衡状态主要表现在以下两点。

一是课程师资比例失衡。高校创新创业教育课程通常有3个层次:学校层面的创业教育通识课、学院层面的创业与专业教育相结合的融合课程、专业层面的创业学专业的专业课程(包括从本科、硕士到博士的创业教育体系),对应的师资为通识课程师资、融合课程师资、专业课程师资。对浙江省高校进行调研发现,创业通识课程师资通常为高校团委、学工部人员,此类师资数量严重不足,缺口尤为明显。以浙江某一高职院校为例,全校数千名学生,但从教创业通识课程的师资仅有7人。由于师资不足,课时也由过去的8个课时缩减为6个课时。在另一所综合性大学,全校层面学制内的创业通识课程师资仅有1人。融合课程数量较少,到目前为止并未出现专门的教材,多由专业教师施教,这些师资既没有受过相应的师资培训,也没有相应的教材作为指导,数量不足与质量偏低状况并存。专业创业课程多由商学院、管理学院师资施教。现在仅有极少数高校提供了创业学位课程师资。

二是不同师资类型比例失衡。创新创业师资按照教学领域不同可以分为企业师资、专业师资、创业辅导员三类。由于创新创业教育导向的差异,决定了创新创业师资配置的差异。通常研究性高校与普通高等院校师资以"专业师资"为主,高职高专院校以"企业师资"和"创业辅导员"为主,师资缺失或极为薄弱的情况普遍存在。

二、组建方式多元,准入制度缺失

从师资选拔方式上看,中国现有的高校创新创业师资组建方式中较为典型的有以下 3 种。

第一,以创新创业教育项目为媒介,吸引师资参与创业教学或创业研究。例如,温州大学推出"创业人才培养模式创业实验区"项目,各实验区自己组建教师队伍,以创新创业教育与专业教育深度融合为目标,探讨在专业教育中深入融合创新创业教育的途径。该校首批通过的 3 个实验区各获得 6 万元的项目资助。以服装设计与工程专业实验区为例,该实验区组建了 8 人构成的教学队伍,包括 1 名副教授、1 名高级经济师、2 名讲师和 4 名企业指导师。这一改革方式不仅调动了全校教师的创新创业教学积极性,还促进了创新创业教育的深入改革,提升了学校创新创业教育教学的水平。

第二,按照课程体系设置,在全校范围内为创业教育试点班级提供优秀的创业导师。温州大学的创业教学团队由校内优秀教师、校外企业导师和校友构成。创业学院根据各学院推荐的优秀教师,参考历年来学生对教师的评价分数,进行择优录取,最后由创业试点班学生确定最终人选。校外企业教师集中聘请优秀的职业经理人或知名企业的财务、人事、营销、管理等部门具有丰富实战经验和讲课感染力的一线精英。

第三,学校行政人员、教师、辅导员等各类群体通过参与 KAB、SYB 等创业培训,提升创新创业教育教学能力,承担创业教学任务。

然而,多元化的师资选拔方式却无法弥补师资准入制度上的制度漏洞,现有高校鲜有设置专门的创业师资准入制度。教育部虽然已就加强高校创新创业师资培养提出了指导性意见,但对"高校如何选择创业教师""创业教师应当具备哪些条件才能指导大学生的创业活动"等问题,并未形成一个明确的标准和规范性文件。中国大部分高校,无论是对创业师资的专业类型、学历层次、从教年限,还是培训要求,都没有做出明确规定,师资准入制度不健全。尽管少数学校制定了相应的选拔制度,但是迫于创业师资匮乏的现状,只能依据教师专业教学水平的高低,而非创业理论或实践水平的高低来选拔师资,呈现出"校外创业师资选聘标准不完善,已有师资利用标准不明确"的怪象。

当前,中国部分高校已经从社会各界聘请企业家、创业成功人士、专家学者等作为创业教育兼职教师。但是,一方面这些兼职教师多缺乏教学经验,教学效果有待提高;另一方面这些师资多采用短期培训班、讲座、临时创业指导等方式参与创业教学,并未形成长期有效的教学关系。

三、创业学位初现,培训平台不足

在创业学位体系建设方面,中国部分高校也取得了一定进展。浙江大学管理学院在 2006 年实施了"教育部专业人才培养教学改革项目"——多通道、阶梯式、复合型高层次管理学类精英人才培养模式探索与实践,从 3 个不同层次(本科生、MBA、硕士研究生)组建"创业管理精英班",成为全国首个获得国务院学位办授权的创业管理硕士点和博士点的办学单位,创业管理博士是全亚洲第一个创业管理博士点。浙江大学管理学院在创业管理精英班的基础上,与创业管理全球排名第一的百森商学院、欧洲排名第一的里昂商学院合作建立全球创业管理培训的硕士学位项目(Global Entrepreneurship Program,GEP),引入国际顶尖的教学资源与经验。

温州大学创业学院发布首届创业管理双专业、双学位班招生计划,从 120 名报名学生中选拔出 50 名学生参加创业专业学习。创业管理辅修双专业、双学位的学制为 2 年;辅修双专业为 50 学分,辅修双学位为 60 学分。修满 50 个学分并且考核合格的,颁发温州大学工商管理(创业管理方向)辅修双专业毕业证书。在此基础上,完成相应的创业管理方向毕业论文符合学校学士学位授予条件的,授予工商管理(创业管理方向)辅修双学士学位。

中南财经政法大学和共青团湖北省委联合创立湖北青年创业学院,设立湖北省首个创业学位班级,首批有 10 余名学生入学。参与学生在修满相应学分后可获得中南财经政法大学创业管理方向的双学位证书。

高校内从事创业教学的师资群体,根据师资群体的主动性不同,可以分为"自下而上"的创业师资和"自上而下"的创业师资。前者指对创业教育感兴趣或从事创业教育研究的教师,这类师资自主、自发地参与创业教育教学的施教,具有较强的创业理论背景,但缺乏创业实践知识,人数不多,是高校创业教育中的小众。后者往往是根据学校的教学要求,将创业教育知识或理念融入专业教育的师资,此类师资多是未受过任何创业培训的专业教师,对创业教育的认识仅停留在肤浅的表层,对框架性、层次性的创业知识知之甚少,对创业实践没有深刻认识,市场意识和实践运作能力等明显不足,对政府、学校的各项创业政策也尤为陌生,这极大地制约了高校创新创业教育服务能力的提升。

由于专业的创业学位建设仍在初始阶段,教授创业课程的大部分是非专业师资。创业师资的成长主要依赖于 KAB、SYB、中国青年创业国际计划(YBC)、清华大学 DMC 创新创业研修班等各种创业培训,与全国高校创业教育的需求相比,这些项目提供的师资培训机会显得杯水车薪。即便是走在浙江省创业教育前列的高校,每年参与此类培训的教师数量也十分有限,教师成长平台明显不足。

四、组织化程度提升,协调管理有限

中国高校创新创业教育在经历了数年的发展后,制度化程度逐渐加强,师资管理水平稳步提升。高校创新创业师资队伍的专业化,有赖于创新创业教育相关组织的制度化。综观中国高校创新创业教育,可以划分出三类主要的组织形式。

第一类:以创业人才培养为主的组织类型。主要负责学校的创新创业教育课程实施、师资管理和举办各类创业讲座,如温州大学的创业人才培养学院、义乌工商职业技术学院的创业教育学院等。

第二类:面向创业实践,以创业培训、创业实训为主要方式的组织类型。此类组织又可以分为:第一,以社会人员创业培训为重点的创业学院,此类创业学院面向社会上各类有志于创业的青年,学院力图通过完善平台、降低青年创业成本、铺设绿色通道等途径为社会人员提供创业服务,如"中国青年创业学院""蒲公英青年创业学院"等。第二,提供创业实战的大学生创业园、创业中心、创业基地、科技园等,主要负责为大学生提供相应的创业场地、资助和资金支持。

第三类:以创业研究或创业指导为核心的组织。一是创业研究中心,如浙江大学管理学院成立的"全球创业研究中心"、南开大学设立的"创业管理中心"、吉林大学设立的"创业研究中心"等。二是创业指导中心,如宁波大学的创业指导中心,浙江海洋学院机电工程学院 2006 年成立的以创业团队扶持、创业师资指导的方式推动大学生创业的"大学生创业中心",宁波大学科技学院的"家族企业接力研究咨询中心"等。

总体来说,第一类具备统筹全校师资的职能;第二类以提供物质资源为主,师资调配能力有限;第三类以研究和创业实践指导为主,师资提供和管理受到限制。

调查发现,除了极少数高校通过建立创业学院等方式统筹管理全校创业师资外,大部分高校都存在不同程度上的师资管理混乱、师资力量运用不足的情况。从横向上看,创新创业教育本身涉及经济学、教育学、管理学、社会学、心理学等多个学科;从纵向上看,创新创业教育包含了全校层面、学院层面和专业层面的创业课程。以浙江大学为例,仅参与创业教育建设的学院和相关部门就多达十几个单位,但是并没有设立专门的机构对全校的创业教育活动和资源进行统筹管理和规划。

第五节 高校创新创业教育师资建设策略

科学的理念是保障行动质量的基础。创业师资与传统师资在教学技能与知识类型要求上存在根本差异,组建创业师资队伍在本质上是一个破旧立新的过程。特殊的创业师资类型框架和目标要求,决定了创业师资队伍建设要避免随意性,必须以明确的目标作为指导,以一定的理论架构作为支撑。

一、设立分层推进的师资建设框架

(一)形成由企业、专业和创业辅导构成的师资框架

高校创新创业教育指的是高校利用课堂内创业课程和课堂外创业活动,培养学生创业精神和创业技能的教育。"实践性与理论性并存"是创新创业教育区别于普通教育的典型特征,促进自主创业又是创业教育的目标之一。因此,创业师资选拔与培养必须兼顾创业实践、创业理论、创业指导3个方面的内容,对应师资为企业师资、专业师资与创业辅导员。

(二)制订实践型、"双师型"和咨询型的师资培养目标

目前有关创业师资培养问题的专门研究不多,缺乏前瞻性指导。面对创业学位体系尚未形成的客观现实,创业师资队伍建设主要依赖于引入外部师资和师资培训。

鉴于创新创业教育实践性与理论性的特征,"双师型"教师是能够同时驾驭创业教育理论课和实践课的中坚力量,是师资培养的重点目标。"双师型"教师最早出现于职业教育领域。对"双师型"教师

内涵首次做出明确规定的是 1998 年国家教育委员会发布的《面向 21 世纪深化职业教育教学改革的原则意见》:"要采取教师到企事业单位进行见习和锻炼等措施,使文化课教师了解专业知识,使专业课教师掌握专业技能,提高广大教师特别是中青年教师的实践能力……重视教学骨干、专业带头人和'双师型'教师的培养。"中共中央国务院在《关于深化教育改革全面推进素质教育的决定》中进一步明确指出,必须"加快建设兼有教师资格和其他专业技术职务的'双师型'教师队伍"。与职业教育相似,创新创业教育最终要回归创业实践。科学有效的创业技能培育离不开创业实践经验,急需同时具备创业实践经验与创业理论的创业师资。

具体到三类师资,企业师资以提供创业经验为主,需具备基本的教学技能以满足创新创业教育需求;专业师资需要将专业与创业融合,必须具备理论性与实践性的双重知识能力,即"双师型"教师;创业辅导员以创业咨询为主要任务,需要对创业法规、政策拥有基本认识,能够为学生提供创业指导。

二、建立数量充足的高素质师资队伍

(一)弥补师资缺口

依照教育部《普通本科学校设置暂行规定》的规定,高校专任教师的师生比不能低于 1:18 的标准,兼职教师人数不超过专业教师总数的 1/4。根据教育部《普通高等学校基本办学条件指标(试行)》对高校师生比的要求,本科院校的标准分别为工科、农、林院校 1:18,医学院校 1:16,语文、财经、政法院校 1:18,体育、艺术院校 1:11;高职院校中,综合、师范、民族院校 1:18.工科、农、林院校 1:18,医学院校 1:16,语文、财经、政法院校 1:18,体育、艺术院校 1:13。

师资需求数量由受教人群决定。根据"全校性创业教育"的发展计划,师生比例的最低要求、高校在校生现有人数需求、创业师资的发展能力等因素都会影响到师资需求数量,目前中国创业教育的师资缺口很大。

(二)建立创新创业教育协调机制

加强创新创业教育、管理是高校全面推进创新创业教育不可或缺的要素,更是创新创业教育制度化建设的一个重要标准。中国高校创新创业师资缺口大、质量低,存在师资管理混乱现象。扩大创新创业师资队伍,提升创新创业师资质量的首要任务就是完善创新创业教育协调机制。借鉴国外已有经验,必须着力加强管理,加强顶层设计,将创新创业教育规划融入高校整体发展战略,提出明确的师资队伍建设计划。

高校要组建有效的创新创业教育管理委员会等协调机构,统筹全校创新创业教育师资队伍的管理与分配。全面指导全校创业课程、创业教育项目、创业竞赛、创业训练营及各种类型创业活动的开展等。

高校要成立由校内外人员共同构成的创新创业教育咨询委员会,着力解决创新创业教育实施过程中遇到的师资聘用、师资企业挂职、创业资金运用等实际问题。

(三)兼顾理论与实践的师资遴选标准

创新创业教育在本质上是一种素质教育,具有普适性。《中共中央国务院关于深化教育改革全面推进素质教育的决定》表明了素质教育包括提升"创新精神和实践能力"在内的两大核心,这与创新创业教育培养需要具有首创精神和创业能力的目标是一致的。创新创业教育反映了素质教育的核心与重点。实施创新创业教育的目的不只是帮助学生走上独立创业或自谋生计的道路,更重要的是帮助学生将创业精神和能力迁移到各项工作与活动中,以适应瞬息万变的社会。

素质教育理念下的创新创业教育要以创业理论知识为基础,以创业实践知识为重心,要求教师具备先进的创业教学理念和实践导向的教学素养。在师资选拔上,要避免过去单纯以高学历、高职称作为选择标准,树立以教师素质与创业人才培养相契合的选聘导向,避免将"纯粹知识教学"的教育痼疾带入创新创业教育。

(四)制定灵活的兼职师资选聘制度

制定灵活的企业师资选聘制度,提高企业师资的参与力度和质量,对专业需求、教学任务、薪金制度、项目参与需求、企业师资与专业师资合作做出合理安排。

企业师资选聘应兼顾创业教学的多层次需求。以不同教学时长的教学任务为例,第一个层面是学校层面的创业通识课,应采用校内辅导员、研工部、学工部等教师为主,兼职教师为辅的师资组成结构。每门课程选配一位或数位能够担任短期课时的兼职教师,采用讲座、互动、专题讨论的方式开展创业教学,作为入门创业知识的补充。第二个层面是学院层面的创业融合课程,应采用专业教师与兼职教师一对一的协作模式,选聘能够担任半个学期或一个学期时长的校外兼职教师与专业教师共同授课,结合理论与实践提供系统的创业课程。第三个层面是专业层面的创业课程,应选用兼职教师独立教学的组织方式。根据创业学课程人才培养的需要设立专门的创业课,选聘创业学领域的专家,专门开设一门或数门相关的创业课程。

高校要着力完善企业师资选聘制度。根据 3 个层次课程的不同需求,真正将校外兼职教师融入创业教学中来,改变过去蜻蜓点水式的教学辅助,真正对学生的教学与创业实践起到有效的指导作用。

三、形成合理的师资结构

(一)组建结构合理的教师队伍

创业师资由企业师资、专业师资和创业辅导员三部分人员构成。各高校应根据国家规定以及实际课程的教学需求来建设师资规模与结构合理的教师队伍。

鉴于现阶段创业师资严重匮乏的现状,在实际操作中,高校一方面要坚守师资选择标准的原则底线,扩大师资选择的范围,从参与KAB、SYB等培训人员扩大到创新创业教育的实践者和研究者,乃至各专业院系不同专业的专业人才,不拘一格地选拔人才,形成稳定的校内教师队伍。另一方面还要开设一条或多条优秀师资的绿色通道,广泛吸引海内外创业学专家,建立创业教席。与此同时,高校还应当与当地产业相结合,吸引成功的企业家、风险投资商、律师、政府官员等不同领域的人才系统地参与高校创新创业教育,并根据教学层次的需求建立结构合理的教师队伍。

(二)统筹优化现有师资资源

院系壁垒成为阻碍高校内创业师资相互沟通与成长的主要障碍。各高校可以结合现实需要,参照3个层次的创业课程设置,开展不同层次的创新创业教育,打破学院的限制,重新整合师资力量,形成通识教学、融合课程教学、创业学教学3种不同的教学模块。通过课程体系的构建,将创业师资组合成密切联系的教师网络。

根据实际完成的创业过程,形成不同的师资合作模式。第一,组建一主多翼的师资团队。此类型师资团队以一次完整的创业项目或创业活动为依托,能够满足整个创业过程需求,是由不同专业的专家构成的师资队伍。团队中推举一位贤才作为统筹者,组织相关教学活动的讨论、教学内容的选择,制定阶段性的发展目标。第二,根据创业不同阶段或专业领域的需求组建师资队伍。高校可以根据创业不同阶段或专业领域的需求将不同领域的专家打造成特定的师资队伍。学生可以根据自身能力需求与创业发展需求,选择相应的师资咨询。

统筹优化现有的师资资源,形成不同形式的师资团队合作方式,最终目的在于充分发挥每一位成员的优势,更好地为创新创业教育发展服务。

(三)制定科学的教师协作教学制度

大量引入高校外部兼职教师是中国创新创业教育发展的现实需求。专业师资主要依赖校内师资,师资流动稳定,而企业师资主要依赖于高校外部的企业人士的引进,流动性大。

随着"全校性创业教育"理念的推广,专业教师的人数在大幅增加,但是不同师资类型、不同课程专业类型、不同课时长度的兼职教师也使得师资管理工作变得更为烦琐。在此状况下,没有完善的师资衔接制度作为保障,一旦出现教师离职的状况,必定导致师资链条断裂,破坏教育教学的整体性。为此,高校必须在创新创业教育管理部门的统筹规划下,在紧密联系社会、主动挖掘不同领域优秀人士的同时,制定严密的师资衔接制度,做好短期、长期师资聘任规划,与应聘师资之间保持密切联系。

(四)完善创业师资的激励机制

忽视"以人为本"的师资管理模式,必然会导致选人、用人、育人和留人各环节衔接的断裂。在创业师资管理方面,高校应明确树立"以教师为本"的管理理念,确保教师在创业教学中的主人翁地位,帮助教师树立正确的创新创业教育价值观,认识到创新创业教育对教师自身和学生成长的重要作用,建立能够促进教师个体发展的激励体制和管理体制。

具体到实际操作层面,高校要努力将教师的个人发展目标与创业教学发展目标相统一。引导教师根据学校创新创业教育发展的定位和实践型人才培养需求组织并开展教学活动。对教师在科研、教学、实践等不同领域所取得的成绩给予科学的评价和合理的奖励。努力实现管理方式从压力的传递向内在激励方式的转变。

成立创业师资发展基金,奖励在创业课程开设、教学方法革新、创业实践及创业研究等领域做出显著成绩的教师。一方面,制定符合教师劳动投入的薪酬制度,落实创业师资的工资、福利等各项政策,切实保障创业师资的利益。另一方面,努力营造一种宽容失败,推崇创业,鼓励冒险的宽松、自由氛围,为教师提供良好的创业教学环境。

四、建立形式多样的师资培养体系

(一)加大创业学学位体系建设

高质量创业师资短缺已经成为阻碍中国高校创新创业教育发展的主要障碍。短期速成的创业师资培训既不能达到较高的质量标准,也无法满足不断膨胀的创新创业教育师资需求。解决这一问题的根本在于构建系统化的创业学学位体系。通过创业学学位体系建设培育大批创业教育师资,迅速提高创业师资的素养,达到提升创新创业教育质量的目标。

创业学学科的发展和创业学学位的设立,不仅有利于吸引优秀的企业与管理人才加入创业研究的阵营,提高创业研究的质量与效果,而且有助于创业师资的长期发展,形成师资供给的良性循环。近年来,中国在创业学学位体系建设方面已经取得初步成效,有的高校已经设立了本科阶段的创业学学位,甚至设立了创业学的硕士和博士学位。但现有的教育资源是远远无法满足创新创业教育的教学需求的,必须继续加大创业学学位体系的建设力度。有条件的高校必须加强创业学学位建设,有计划、有步骤地开发创业课程,逐步构建完整的创业学学士、硕士、博士学位培养体系。

(二)提升双师型教师培养力度

加大"双师型"创业师资培养力度,必须保障充足的培训资金和合理的师资培训平台兼具。各高校应设立专门的创业师资培训基金,吸引资金赞助。以产学研为依托,将高校的知识优势与企业的实际操作优势相结合,制订校企合作师资培训计划。培训内容要以企业管理、项目运营、危机处理为核心,强调师资的创业感受与体验,提升师资的创业认知。此外,高校还应逐步制定"双师型"职称认定制度,积极引入具备"双师型"条件的创业人才。

在"双师型"创业师资培养过程中,还应秉持以下原则:尊重师资职业发展意愿的原则;师资专业领域与企业领域相匹配原则;兼顾高校与企业双方利益原则;理论与实践相协调原则。

(三)拓展创业师资培训渠道

政府可以开展"千人创业师资项目"等培训项目,大力推进创业师资培训工作。高校在经过数年的创新创业教育发展历程后,已经积累了相当多的师资培训经验,形成了一定数量的优秀创新创业教育团队和创新创业研究团队。未来高校可以尝试将市场竞争机制引入高校创业师资培训,增强高校在师资培训方面的主动性,提供多样化的培养方案。培训过程要着重开展体验式、活动式的培训方法,在改善教师创业知识结构的同时,更要提升教师的创业能力。

培训渠道要与相关国际机构结合。有条件的高校应当有目的地选拔部分优秀教师参与国际上声誉较好的师资培训项目,学习先进的培训理论和内容,了解国际创新创业教育的前沿动态。除了参与创业师资培训外,鼓励并支持教师参与创新创业教育国际交流,与世界顶尖学者交流沟通,汲取先进的经验,促进浙江省高校创新创业教育理念和方法的发展。

(四)构建创业学习平台

建立创业网络学习平台,加强经验交流与资源共享。尝试在区域层面建立统一的创业学习网络虚拟平台,鼓励各所高校潜心学习、研究、借鉴各种培养模式,拓展创新创业教育师资培养渠道。

第五章

"互联网＋"背景下我国创新创业教育的实践

第一节 我国高校创新创业教育的优势

近年来,创新创业教育已经成为我国高校教育改革和发展的新趋势。我国的创新创业教育起步于 20 世纪 90 年代末,虽然远落后于西方发达国家,但是它正逐步受到国家、高校和社会的重视。尤其是互联网的快速发展,让我国进入了"大众创业、万众创新"的时代。互联网催生了大量的创新创业机会,提供了较多优质化的创业平台,营造了良好的创新创业环境,引起了广大学生创业的兴趣。现有的创新创业教育加上互联网的融入,如虎添翼,更加快了创新创业教育的发展速度,使得中国开展创新创业教育具有明显的优势。

一、国家战略支持和重视

创新是人类特有的认识能力和实践能力,是人类主观能动性的高级表现,是推动民族进步和社会发展的不竭动力。一个民族要想屹立于世界之林,就离不开创新思维,离不开永不停息的创新活动。改革开放以来,我国的经济一直处于快速发展的状态并取得了丰硕的成果,我国已经成为世界第二大经济体。随着知识经济时代的到来,信息技术的飞速发展、经济全球一体化的趋势在创造了大量机遇的同时,也带来了严峻的挑战。我国要想稳住和提高国际地位,就必须提高我国的科技创新能力,培养创新型人才。但是,我国国民的创新能力和创新意识偏低,创新型人才明显缺失,这制约着我国经济的发展。

互联网的出现改变了传统的信息获取方式、交流渠道、交易途径、娱乐方式和办公环境,可以说互联网已经完全渗入人类生活的方方面面。互联网打破时间、空间格局,推动传统产业升级,带动社会经济发展的同时,给我国信息技术的发展带来了巨大挑战,加剧了国际间的竞争。自互联网传入中国以来,我国的网民数量位居世界第一。毫无疑问,我国是当之无愧的网络大国。但是,网络大国只有"量"的优势,缺乏"质"的提升。为此,2015年10月召开的中国共产党第十八届中央委员会第五次全体会议指出:要实施网络强国战略。而建设网络强国必须要有过硬的科学技术和具有自主创新能力的人才队伍。互联网信息技术的发展,不仅改变了我国的传统经济模式,也吸引了一大批有志青年投身互联网创业中,同时加速了高校创新创业教育的发展。高校创新创业的目的就是培育大学生的创业意识和创业能力,培育一大批的创新型人才。总的来说,网络强国的战略促进了高校创新创业教育的发展,创新创业教育反作用于网络强国的实现,两者相互促进、相互发展。

一个国家是否是创新型国家,主要看其创新投入的高低、科技进步贡献率的高低、自主创新能力的强弱以及创新产出的高低。创新创业教育主要是培养学生的创新创业意识和创新创业能力,并通过各种各样的实践教学加速对学生科技创新能力的培养。大学生的创业行为实际上就是知识和能力转化为产出的过程。创新创业教育的逐步发展必将会培养出越来越多的高素质的创新型人才,满足各个领域对人才的需求。总的来讲,创新创业教育是建设创新型国家的重要途径。

二、符合高等教育深化改革和发展的趋势

在高等教育创立之初,我国高等教育改革的步伐就从未停止过,

尤其是改革开放以来,我国的高等教育改革取得了显著成效。但是,这并不代表要停止改革的步伐,相反我们要顺应经济发展和社会进步的新形势,改变人才培养模式、更新教育理念、完善教育体系、继续深化改革和发展高等教育。创新创业教育的发展将进一步深化高等教育的改革并推动高等教育的发展。

创新创业教育不仅改变了大学生的就业观,也转变了传统的教育观念。在过去,我国高校进行教育时过多地强调大学生的全体性和一致性,忽视了对大学生的个性培养。在这种传统教育思想的指导下,高等教育的质量大大降低。而创新创业教育在注重共性教育的前提下,承认学生发展的非同步性和多倾向性,更加强调学生的兴趣和特长的展示和发挥。学生不再是被动地接受知识,而是可以根据自己的特长和自身的需求主动地去寻求知识,它有利于学生整体素质的提高。传统教育的另一个缺陷就是,关起门来搞教育,严重脱离了社会经济发展的这个大背景,忽视了对学生的实践教育。而创新创业教育则紧跟社会经济发展和科学技术进步步伐,通过与科技、经济和社会的结合,培养学生的市场思维和商业意识,使得大学生在毕业后可以很快地融入社会。创新创业教育的教学方法融合了理论教育和实践教育,通过理论教育让学生掌握丰富的理论知识,通过实践教育提升学生的创新创业能力和实践能力,是一种全新的教育模式。

在"互联网十"的背景下,我国的创新创业教育提到了新的高度。实施创新创业教育不仅深化了高等教育的改革,而且它本身就是高等教育改革的一项重要内容。开展创新创业教育是对我国现有教育体系的丰富和完善,它转变了传统的教育模式,改变了高等教育的教育目标,所以我国应该进一步发展创新创业教育。

三、切合我国经济转型的需要

随着世界经济的联系日益密切,世界正朝着经济全球化的方向发展,国际竞争也越来越激烈,一个国家掌握的资源、人才和科技,将在很大程度上决定其国际地位。我国经济发展存在很多的不协调、不平衡,如收入分配不合理、产业结构不合理、科技创新能力不强等。可以说,现阶段我国内外形势给我国经济转型和升级提出了更大的挑战。我国的"十二五"规划纲要明确指出,"坚持把科技进步和创新作为加快转变经济发展方式的重要支撑",党的十八大又提出"创新驱动发展"。由此可见,"创新"和"科技"对我国经济的增长起着举足轻重的作用。科学技术的进步对经济增长的贡献将越来越大。

新兴产业的产生和传统产业的升级是建立在对新的科技成果的开发、应用基础上的,这种开发和应用的重要因素就是人才。学校有责任担负起培养学生创新能力的历史重任。虽然我们一直呼吁高等教育的改革,但我国大多数的高校仍处在应试教育中,培养出来的人才大都缺乏创新能力和科研能力,这大大降低了我国人才的质量,也使大学生难以适应知识经济时代的发展。为此,我国高等教育培养人才的方式和目标要从根本上发生转变,以满足经济发展和转型对人才的需求。此时,以培养创新型人才为目标的创新创业教育登上了历史的舞台。创新教育注重培养学生的综合素质和创新能力,弥补传统教育的不足,为经济发展培养具有创新能力、科研能力的创新型人才。开展创业教育,引导学生进入市场经济领域进行自主创业,可以延伸产业链,促进产业结构完善和优化。近年来,新一代大学生将所学的信息技术和科学技术运用到创业实践中,加快了传统产业结构的转变。

第二节　我国高校创新创业教育的局限

在"互联网＋"时代背景下,科学技术和信息技术高速发展,虽然会给我国的大学生创新创业带来很多机遇、提供大量的平台,但是我国高校创新创业教育还存在许多问题,创新创业教育也没有跟上互联网快速发展的步伐,依然处在边缘的位置。

一、创新创业教育形式化

(一)创新创业教育理念混乱

高校创新创业教育以培养具有创业基本素质和开创型个性的人才为目标,旨在培养在校学生的创业意识、创业精神、创新创业能力,转变大学生的就业观念。创新创业教育是一种新型的教育模式,具有其独特的教育理念。国务院发布的《关于深化高等学校创新创业教育改革的实施意见》明确指出,创新创业教育理念滞后是我国当前高校创新创业的突出问题。我国高等教育的改革首先应该对教育理念进行改革。树立正确的创新创业教育理念是高校开展创新创业教育的基础。创新创业教育理念对创新创业教育的实施具有指导作用。我国创新创业教育的发展之所以会遇到这样或那样的问题,其根源就是创新创业教育理念的缺失。

20世纪90年代,我国才刚刚开始引入创新创业教育,相比美国、英国、法国等国家,我国创新创业教育的发展还相当落后。当时我国面临严峻的就业问题,企图通过对大学生进行创新创业教育来增加就业率,缓解就业压力。所以,我国对大学生创新创业教育的初衷也只停留在提升他们的就业能力、培养他们的创业技能的层面上。这就导致创新创业教育理念以缓解就业压力为目标,带有一定的功利性,即希望通过对大学生技能的培训,引导他们去创办企业,将高校的创新创业教育单纯地理解为提升高校就业率的最佳途径,而不是以学生的发展为中心,培养学生适应社会的能力。另外,我国创新创业教育的对象主要是高职高专类院校和普通本科院校的一部分学生,而并非全体学生。这使得创新创业教育具有了一定的精英化色彩。而创新创业教育的内涵本质是培养受教育者的创业意识和创新精神。它是就业教育的拓展,其基本特征是创新、创造和实践。当今社会中互联网的快速发展给我国的创新创业教育提供了新的时代背景,高校应当抓住这个契机,顺应时代发展的要求、把握经济发展的趋势、满足个性化的需求、加快创新创业教育的发展进程。其发展的关键就是要重新树立创新创业教育的理念。

(二)创新创业教育定位模糊

为提高高校对大学生创新创业教育的重视,教育部印发《关于做好 2016 届全国普通高等学校毕业生就业创业工作的通知》,明确提出,从 2016 年起,所有高校都要设置创新创业教育课程,为全体学生开发、开设创新创业教育必修课和选修课,并纳入学分管理。大部分高校在创新创业教育方面开设的课程较少,创新创业教育在大学教育中的学科地位也呈边缘化状态。绝大多数高校没有把创新创业教育作为高等教育主流教育体系中的一部分,而将其并入技术经济学科或企业管理学科,这使得诸多高校对创新创业教育的学科定位模糊。大部分高校仅设置一两门的创新创业课程,而且将其设置为公共选修课。所谓公共选修课,就是在高校里开设一门或多门有关创业的公共选修课供在校大学生选择。高校为节约资金,公共选修课往往不是创新创业专业的教师授课,而是其他专业的课程教师兼职授课,其授课形式也停留在灌输上,脱离现实,脱离当前的"互联网＋"时代。选修课本身的特点使得创新创业课程受众太少,每学期只能有一小部分的学生选修创新创业课程。

另外,有的高校只在大学生毕业那学期开设一些《大学生职业生涯规划》《大学生就业指导》等就业指导课,并没有涉及创新创业教育的系统讲授。创新创业教育仅以作业的形式让学生做创业企划书,这弱化了创新创业教育的意义。有些高校会邀请一些企业家或创新创业专业人才到学校办讲座,这个虽然有一定意义,但缺乏系统性和目标性。

除了高校对创新创业教育不够重视外,大学生的创新创业意识也非常薄弱。所谓创新创业意识,就是大学生对从事创新创业活动的一种内心的冲动。大学生创新创业意识的缺失直接导致他们对创新创业教育失去兴趣。受传统思想的影响,我国大学生普遍倾向于寻求一份安稳的工作,内心没有要打破现状的冲动,缺乏创造性的行为。同时,高校对创新创业教育的宣传力度和重视程度都不够,大部分大学生只注重专业知识的学习,并不了解创新创业教育对国家、社会和自身的重要性。虽然有一部分学生参加创新创业教育课程和活动,但也只是为了获得学分,从而顺利毕业。

(三)理论教育和实践教育脱节

理论与实践相结合是教育对高校教学的要求,也是对大学生自身的要求。然而,我国的创新创业教育并没有做到这一点。目前在综合型和研究型高校中,创新创业教育往往重理论、轻实践,对学生的创业实践能力训练不足;而在高职院校中,又陷于重实践、轻理论的误区,常以创业成败论英雄。这两者都是不可取的。创新创业教育应兼顾理论教育与实践训练,重在培养学生的创新精神、创业意识和创新创业能力。以杭州师范大学这所以师范专业为主的综合型大学为例,我们认为,创新创业教育与专业教育有很大的不同。创新创业教育应加强实践教育,而非只重视理论教育。单纯的理论教育很难提升学生的创新创业意识、创新创业能力。实践教学是理论联系实践,检验理论知识是否准确的重要途径,是培养学生自主学习和获取知识的有效方法,是培养创新型人才的重要环节。创新创业是一项实践性很强的活动,很多知识和技能是在课堂教学中习得的.而实践教学可以鼓励学生勇于实践,激发大学生的创新意识和创业意识,培养大学生的创新能力和创业能力。

我国在创新创业教育中,理论教育与实践教育的脱节主要表现在以下三个方面:一是对教育实践的认识不足。传统的教学模式注重学生对理论知识的学习,忽视教学实践对人才培养的重大意义,把实践教育置于从属地位。学校对学生的学习效果进行考察时,也只对大学生的文化知识进行测评,忽视了对其实践能力的考验。受传统观念的影响,我们往往把学术水平作为衡量一所学校教学水平的标准。二是对国家政策执行不足。目前,我国对高校创新创业教育非常重视,国务院也颁布了指导意见,倡导高校建设大学科技园、大学生创业园、创业孵化基地、大学生校外实践教育基地等创新创业平台。但是由于资金、师资、技术等方面的问题,创建创新创业平台的高校只在少数,而且有很大部分创新创业平台对大学生是不开放的,这就失去了搭建这些实践平台的意义。三是课程设置不合理。虽然我国很多高校开设了创新创业课程,但也只以选修课的形式存在,采用的也是传统的"填鸭式"的授课方式。为大学生提供的实践活动只邀请专家进行讲座、让学生制作创业企划书,有的学校也会举办一些创新创业类的赛事,但是这些远远达不到实践教学的要求,从而很难培养学生的创新创业能力和提高创新创业素质。

二、创新创业教育资源缺乏

在国际形势的推动和国家政策的引导下,创新创业教育已经成了我国高校最迫切的工作之一。创新创业教育作为一项长期的行动计划,必须有可以依托的资源来确保它的发展。创新创业资源是进行创新创业教育的基础。在进行创新创业教育的过程中,对创新创业资源的整合和利用,可以很大程度地影响创新创业教育的成效。

从宏观来看,创新创业教育的资源主要有:

①学校资源。学校作为发展创新创业教育的主要场所,无疑是重要的核心资源。学校资源主要有教师及行政人员、教室、图书馆和一些如计算机类的硬件设备等。

②政府资源。政府的政策、资金投入是高校进行创新创业教育的大前提,高校的一切教育活动都必须符合政府的方针、政策。

③社会资源。创新创业教育虽然是在学校进行的,但创新创业的行为则是在社会上发生的,创新创业教育不可能离开社会,所以在进行创新创业教育时不能忽视社会资源。社会可以提供实践平台、资金、媒体舆论等资源。

④企业资源。如果说高校传授给大学生的是理论知识,那么企业给大学生提供的就是实践经验。成功企业的管理经验、运营模式正是创业者不可缺少的东西。

从微观来看,创新创业教育的资源主要包括:

①教师。教师作为知识的传播者,是创新创业教育的核心资源。

②教材。教材是知识的载体。

③资金。资金作为创新创业教育的资源,也是其他创新创业教育资源的源头。

④教室和实践场所。这是创新创业教育的发生场地。

但当前,上述资源仍或多或少地存在着一些不足。

首先,创新创业教育的专业教师缺失。教师指的是传授知识、经验的人,承担着教书育人、提高民族素质的使命。教师是高校的一个重要角色,每个教师都有自己的专业特长。开展和发展创新创业教育必须有一大批创新创业型的师资队伍做支撑。我国创新创业教育正处于起步阶段,迫切需要大批具有专业水平的创新创业师资队伍。我国高校在招聘教师的时候,往往考虑的是学历和科研能力,很少考虑创新创业教育对专业教师的需求。创新创业教育的主要目的是培养学生的创新意识、创新精神和创新能力,传授给学生一些实践经验。而我国高校创新创业教育的教师大部分是其他专业的教师兼职代课,只能给学生讲授书本上的理论知识,不能用经验提供实践指导。然而现实是,创新创业教育对教师的要求不同于专业教育,它既要求教师要有专业知识,又要求教师有创业意识、创新精神,还要求教师对创新创业教育认识到位。这样的创新创业教育教师不是一两次的培训就能造就的。创新创业教育教师队伍的缺失一直阻碍着我国创新创业教育的发展。

其次,创新创业教育的专业教材缺失。教材是人类知识和经验的累积,由于我国的创新创业教育起步比发达国家晚,只有短短十几年时间,从而导致我国的创新创业专业教材缺失。我国创新创业教育的环境不断变化,社会经济不断进步,但教材并没有与时俱进,相对来说存在滞后性。我国高校在开展创新创业教育的课程时,所选用的教材比较随意,内容简单,没有迎合学生的需求。教材内容简单、理论深度不够,起不到对有创新创业需求的学生的指导作用。另外,我国高校所选教材大多针对大学生的创业就业指导,很少关注对大学生创业意识、创新思维、创新创业能力的培养。另外,有的高校会采用从国外翻译过来的教材,但不适合我国现阶段创新创业教育发展的需要。

再次,创新创业教育的资金缺失。创新创业教育对资金的需求可谓是方方面面的。创新创业教育的发展需要专家学者对创新创业教育进行研究,这需要科研经费的支持;高校为提高创新创业教育水平而培养和引进专业师资队伍,这也需要资金;高校为给大学生提供较好的创新创业学习环境而建造创业实践基地,这同样也需要资金的支持。除此之外,在校和刚毕业的大学生在创业时往往会面临资金缺乏的压力,而政府提供的科研经费和创新创业基金是有限的,大学生创业的融资渠道和筹资形式也很少。所以,从整体来讲,我国的创新创业教育面临很大的资金问题。

最后,创新创业教育的实践场所缺失或使用不当。我国现有的高校创新创业教育模式普遍还停留在传统课堂上,即教师一味地向学生灌输理论知识。究其根源,除了高校和教师对实践教育意识的缺失外,高校的实训场所还存在缺失和使用不当的现象。目前,我国有一部分高校建设了大学生创业园和创业孵化园等,由于这些场地需要大量的资金,而高校缺少的就是资金,以至于这些场所并没有对所有大学生开放。另外,我国大部分的高校没有建设专门的实践基地,只针对计算机、音乐、美术等一些专业投资建设了一些实验室和练习室。创新创业教育是离不开实践、实训的,大学生没有得到实践,就会影响我国创新创业教育的效果。

三、创新创业教育体系不完善

我国的创新创业教育起步较晚,尚未形成科学的创新创业教育体系。我国创新创业教育体系存在的问题主要表现在以下几个方面。

(一)创新创业教育目标定位模糊

目标是前进的方向和动力。创新创业教育目标模糊和偏失直接制约着我国创新创业教育的发展,影响我国创新创业教育的质量。创新创业教育应是我国高等教育的重要内容,是培养大学生创新创业意识和能力的主要途径,是面向所有大学生的大众化的培养创新型人才的教育,应是一门独立的学科或专业。而目前,我国大多数高校对创新创业教育的目标定位模糊,在我国高等教育的整个教育体系中,创新创业教育一直处于边缘化的地位,没有得到学校、教师和学生的重视。从师资力量到课程安排再到教学评价,都可以看出创新创业教育的地位不高。

我国高校的创新创业教育普遍存在功利化的倾向。一方面,大部分高校进行创新创业教育是为了提高本校毕业生的就业率,所以把创新创业教育视为培养大学生创业技能的手段而不是一门学科。有的高校甚至把创新创业教育作为对大学生就业进行指导的一项为毕业生服务的工作,而没有把创新创业教育当作一个专业进行系统的教学。另一方面,由于我国高校创新创业教育体系不健全,缺少专业化的教师的引导,有的学生会误以为创新创业教育就是让他们去创业,让他们效仿成功人士做创业者、企业家。这就偏离了我国发展创新创业教育的初衷,不利于培养我国急需的创新型人才。

由于创新创业教育目标的偏失,我国大部分的高校只是停留在传授创业理论知识,缺少创新创业的实践教育,无法培养学生的创新创业意识,也无法提高学生的创新创业能力和素质。这种"纸上谈兵"的教育现状、空洞乏味的教育模式,使学生不感兴趣,所以达不到创新创业教育的预期效果。

（二）创新创业教育尚未形成一门学科

"学科"通常指一定科学领域或一门科学的分支，是对大量丰富的知识依据某些共性特征划分而形成的相对独立的知识体系。形成一门学科，首先要有专门的知识体系，其次要有从事科研的专门的人员，最后要有设施、场所、资金等保障。我国高等学校本科教育体系设置了学科门类，每个门类下设有若干一级学科，一级学科下又设若干二级学科。根据 2011 年国务院学位委员会和教育部颁布的《学位授予和人才培养学科目录（2011 年）》，我国本科教育体系设有 13 个学科门类和 110 个一级学科，各高校根据自己的师资力量和发展特色设置适合本校的学科。高校教育体系中学科的设置过程中从未设置有关创新创业的学科，甚至有的高校创新创业课程的开设都很随意。在国外，"创新学""创业学"作为一门隶属于"管理学"或是单独的学科，已发展至成熟阶段。我国创新创业教育的发展远远落后于发达国家。

目前，创新创业教育仍处于高等教育学科的边缘，尚未形成一门学科或者专业，导致高校对创新创业教育缺乏科学性和系统性的研究。在我国，高校对创新创业教育没有形成统一的认识，各高校从自身出发，根据对创新创业教育的理解来开展创新创业教育，没有形成较为规范、科学的教育模式。在学术研究领域，教育研究机构、高校及其学术研究者没有足够重视对创新创业教育理论的研究，导致创新创业教育理论匮乏，没有形成一整套的理论体系。而创新创业教育体系的建设迫切需要丰富的理论知识做基石。在教学过程中，高校教育的目标并不包括创新创业教育目标，课程的设置大多以选修课或开展讲座的形式进行，教材的选取照搬国外，本土化不足。教育手段单一，传统讲授课的形式吸引不了学生的兴趣。理论与实践脱离，大多高校将开展创新创业大赛、让学生制作创业计划书作为创新创业教育的实践环节。

互联网时代的发展加大了对创新型人才的需求。只有具备创新精神和创新能力的人才能迎合时代的需求。社会的快速发展对创新创业专业人才形成了强烈的社会诉求。经过多年的发展,创新创业教育已经逐渐受到重视,对创新创业教育的研究已经具备了一定的理论基础。但是,学术界对于创新创业教育应归于哪个学科一直存有争议,对我国是否具备设置创新创业教育学科的条件也是众说纷纭。总的来说,我国设立创新创业学科的条件还有所欠缺,仍需要各方面的不懈努力和国家政策的大力支持和推动。

(三)创新创业教育与专业教育脱节

专业教育又称"专门教育",它不同于通识教育,它主要的目标是培养专门人才。高校专业教育是建立在学科分类的基础之上的,通过设置明确的专业教学目标、搭建科学的课程体系、采用针对性的教学方式培养专业人才。创新创业教育有其特定的目标,就是要培养学生的创新创业精神和创新创业能力,为社会培养创新型人才。而专业教育注重专业细分,通过向学生传授专业相关知识和技能培养专门人才。由此可见,专业教育是创新创业教育的必然选择。创新创业教育必须通过专业教育才能向学生传授专业相关知识,培养学生的创新创业能力,实现创新创业教育的目标。

近年来,虽然创新创业教育得到了一定的重视,也正逐步走进我国的高校,但是创新创业教育并未与专业教育融合在一起。一般情况下,我国高校在不改变原有课程体系的基础上,以选修课的形式加入一些创新创业相关的课程,这些课程只是在表面上附着在高校普通教学体系中,与专业教育严重脱离。由于我国还处于创新创业教育发展的初级阶段,并没有形成完善的课程体系,也缺乏本土化的教材,创新创业教育很难融合到专业教育中来开展教育活动。此外,我国高校的创新创业教育,要么停留在灌输理论知识层面,要么止步于技术操作层面,难以培养时代真正所需的创新型人才。考虑到我国的现状,即我国已经进入创新创业教育与专业教育融合的攻坚区,必须加快教育改革的步伐、转变教育理念、更新教育目标、完善课程体系、改良教学内容。

(四)创新创业教育课程体系不完善

从狭义上来讲,课程体系是某一专业开设课程的门类和顺序,它决定了学生的知识结构;从广义上来说,课程体系是学校人才培养目标的依托,一套完整的课程体系包括课程的目标、课程的内容、课程的结构、课程的实施以及课程的评价。我国创新创业教育课程体系的建设还停留在理论研究层面,高校的创新创业教育普遍存在不完整的情况。从纵向来看,我国的创新创业教育只出现在高校,没有贯穿学生教育的全过程,使得我国人才培养链不完整。作为创新创业起步较早的美国,其已经具备一套完整的课程体系,学生从基础教育、初级教育直至高等教育阶段都得到了创新创业的教育。从横向来看,我国创新创业教育课程体系存在很大的问题。我国大多数高校开展创新创业教育的目的是解决就业问题,并不是为了让学生在创新创业知识、创新创业能力和素质上达到一定的水平;课程内容没有完整的知识体系,与专业教育脱离,课程内容只涉及创新创业理论知识,不包含对学生创业意识、创新精神、创新能力、创业能力的培养;课程结构也同样不合理,不仅课程开设比例低,而且所开设的创新创业教育课程没有必修课,实践课程偏少,基础课程不足;在课程实施上,大部分高校没有专业化的师资队伍,而由处在创新创业教育学科边缘的教师教学,教材的编撰和选取没有根据时代的发展要求与时俱进,也缺乏本土化色彩;高校大都采用期中考核、期末考试的方式来对教师教学效果和学生学习效果进行评价,评价方法单一,达不到课程评价的目的。

第三节　我国高校创新创业教育的突破

针对我国高校创新创业教育实践中出现的问题,我们必须在理论和顶层设计上解决相关问题。

一、明确创新创业教育的目标

创新创业教育应该有其自身独立的目标。创新创业教育目标的树立是高校开展创新创业教育的前提，是开展创新创业教育要达到的目的，同时是高校开展创新创业教育的指导方针，是创新创业教育的课程设置、课程内容、教学方法、授课形式和评价体系的重要依据。创新创业教育的目标应该根据其产生的原意和具备的内涵特征，围绕国家、社会、经济和个人发展的需要来制定。因为我国高校的创新创业教育发展不成熟，所以在设置目标时应包括战略目标和具体目标两类。战略目标是我国创新创业教育自身发展所要达到的目标，而具体目标是高校在具体实施创新创业教育活动时要达到的目标。战略目标对具体目标具有指导意义，具体目标的制定必须要完全符合宏观目标的内容。

首先，在战略目标上必须坚决贯彻中央部署。2015 年 5 月，国务院办公厅颁发的《关于深化高等学校创新创业教育改革的实施意见》从教育理念、教育制度和教育体系等方面明确规定了未来 5 年我国高校创新创业教育发展的宏观目标，"2017 年取得重要进展，形成科学先进、广泛认同、具有中国特色的创新创业教育理念，形成一批可复制可推广的制度成果，普及创新创业教育，实现新一轮大学生创业引领计划预期目标。到 2020 年，建立健全课堂教学、自主学习、结合实践、指导帮扶、文化引领融为一体的高校创新创业教育体系，人才培养质量显著提升，学生的创新精神、创业意识和创新创业能力明显增强，投身创业实践的学生显著增加"。该意见制定了我国高校发展创新创业教育的两步走战略目标，即 2015 年到 2017 年，初步形成正确的教育理念，让创新创业教育在高校中普及；2015 年到 2020 年，形成完善的创新创业教育体系，让创新创业教育的效果明显增强。

其次，在具体目标上必须注重实效。高校创新创业教育的具体目标涉及要培养什么样的人才。从国家战略、经济发展和个人的全面发展的需求来看,创新创业教育的任务是培养新型的创新型人才。那么,创新创业教育的具体目标就是要培养新型创新型人才,在设置目标时就要考虑到什么样的人才是创新型人才,创新型人才应该具备什么样的素质和能力,根据这些问题进一步把具体目标进行细分,使目标具有整体性的同时又具备可实践性。起初,我国开展创新创业教育具有明显的功利性,只是引导大学生创业去做企业家,但盲目创业必定导致成功率不高,因此高校创新创业教育的目标设置要具有科学性,把教育的重点放在大学生创新创业能力和创新创业素质的培养上,激发学生的创造性。此外,高校创新创业教育的目标设置还应该具有弹性。高校可以根据时代的发展和学生的个性特征实时进行调整,确保创新创业教育的发展与时俱进。

最后,创新创业教育目标的设置虽然有至关重要的作用,但是最重要的是目标的实施,要将其充分地贯彻到教学内容、教学方法、教学过程和教学评价的整个教学体系中去。创新创业教育的目标并不是一成不变的,实践是检验真理的唯一标准,在实施中不断检验目标设置的合理性,如存在不合理的情况应及时调整。随着"互联网十"时代的到来,高校在设置创新创业教育目标时应把互联网信息技术、互联网创业基础知识和互联网思维的运用纳入目标设置中。

二、明确创新创业教育的内容

创新型的人才必须具备创新创业意识、创新创业精神、创新创业能力、创新创业知识和创新创业品质等综合素质。这就决定了创新创业教育的内容,也是高校创新创业教育目标的要求。创新创业教育内容设置得是否科学、合理,直接关系到高校创新创业教育实施效果的好坏,是创新创业教育的重要组成部分。高校创新创业教育的内容主要体现在教材选取和课程安排上,并且要采用课堂授课和实践活动相结合的教学方法。所以,创新创业教育的内容设置不是孤单的一个模块,而是高校创新创业教育体系的一个关键环节。

(一)创新创业意识

意识具有浓厚的主观色彩,是对客观世界的主观反应。人的思维意识支配着人的行为,创新创业意识是人们对从事创新创业行为的一种心理倾向,创新创业意识支配着大学生的创新创业行为,是大学生从事创新创业活动的内在驱动力。创新创业意识的培养是创新创业教育的基础,创新创业意识主要包括创新创业的需要、动机、兴趣、理想、人生观和世界观等心理成分。传统的教育模式培养出来的大部分大学生的思维意识过于传统,毕业后按部就班地找工作,缺乏创新性行为。创新创业教育就是要激发大学生潜在的实现自我价值的意识,并结合自身的兴趣树立崇高的社会理想。创新创业意识的培养是一个漫长的渐进过程,不可一蹴而就。在创新创业教育过程中,高校可以通过讲述创新创业方面优秀人士的成功案例,吸引大学生对创新创业活动的注意,还可以通过实践教学让大学生体会到成功的乐趣,培养他们创新创业的兴趣。高校对大学生的正确引导可以激发大学生创新创业的动机,进而使其转变成创新创业行为。

(二)创新创业精神

创新创业活动具有很强的实践性,其本身也具有极大的不确定性。大学生在创新创业过程中会面临很多的困难、挫折和竞争,此时他们将面临巨大的心理压力,而能让他们坚守创新创业道路的就是创新创业精神。创新创业精神的内容丰富,包括创新精神、冒险精神、合作精神、竞争精神、勇于进取的勇气、坚持不懈的顽强毅力、不怕失败的挫折意识和吃苦耐劳的精神等。创新创业精神的培养是高校创新创业教育的重点。高校在对大学生进行创新创业教育时,可以采取挫折教育的教育方式,培养他们面对挫折的勇气、毅力和能力,激发他们的潜能。在教育实践中,教师要尊重学生的个性特征,承认他们与众不同的性格特点,鼓励他们打破常规,培养学生的创新精神。对大学生创新创业精神的培养应该体现在教育活动的方方面面,使之在教育和实践中得到提升。

(三)创新创业知识

掌握丰富的创新创业知识是大学生自主创新创业的前提。教师对大学生传授创新创业知识是高校的根本任务。有学者认为,创新创业教育是一门交叉学科,那么其涉及的知识范围就非常广,不仅包含创新创业的基本理论知识,还包含管理学、经济学、社会学、市场营销和计算机信息技术等在内的多种学科和专业的理论知识。在创新创业活动中还会涉及国家政策和相关法律知识,这些都是创业者必须具备的知识。创业者要想在市场上有一席之地,就必须有自己的核心竞争力。它可以是一件产品,也可以是一种科学技术。创业者还要有把握市场规律、成功预测市场发展方向、科学决策以及整合资源的本领。这些都是通过对相关知识的学习才能获取的能力。创新创业教育就是要通过系统、合理的课程安排,让学生在学习的过程中形成网络知识结构。

(四)创新创业能力

创业活动是在经济领域中的"真枪实弹",处处充满了竞争。大学生要想在创新创业实践中取得成功,不仅需要具备强烈的愿望、良好的心理素质、丰富的知识基础,更重要的是要有很强的创新创业能力。创新和创业都是创造性的行为,是对人的创新创业能力的巨大挑战。创新创业能力是创新创业活动成功的关键因素,创新创业能力的高低直接决定了大学生创新创业活动进展是否顺利。创新创业能力主要包括:洞察商机的能力、管理能力、营销能力、沟通能力、公关能力、把控全局的能力和决策能力等综合能力。这些能力有的是与生俱来的,但更多的是通过后天训练而获得或提升的。创新创业教育担负的重要任务就是提升大学生创新创业能力。高校要把学生被动地接受知识转变为引导其主动地获取知识,通过自主学习,锻炼他们发现问题、分析问题和解决问题的能力,从而在这个过程中提升他们的综合能力。高校还应该更多地打造实践平台,增加学生的实训课程,注重对学生能力的训练,将专业知识转化为学生内在的能力。教师在课堂上多采用分组讨论、头脑风暴、情景模拟等教学方法,通过增强学生的参与程度,激发学生的潜能,提升学生的能力。

(五)创新创业品质

品质是指人的行为举止所表现出的人的思想、品性等的本质。品质有好坏之分,品质教育是培养高质量人才的要求,有利于大学生的终身可持续发展。创新创业品质是创新创业教育对大学生的一种高层次要求,主要表现为大学生在创新创业过程中的素质和道德水平。良好的创新创业品质是创业者在创新创业道路上走得长久的保障。创业者良好的创新创业品质表现在产品或服务的质量保证、积极乐观的态度、自我控制能力、对法律的遵守、强烈的社会责任感和无私奉献的精神等方面。创业者超越了对利益的追求,就会寻求一种自我实现的满足,在自己创业成功的时候不忘给他人提供帮助,为社会做贡献。在进行创新创业教育的全过程中,高校要注意营造良好的环境,教师应当以身作则,传播积极情绪,帮助大学生树立科学的人生观和价值观,培养他们的责任感和企业家精神。

上述五部分构成了创新创业教育内容的整体框架。高校在实施创新创业教育时,对大学生创新创业意识、精神、知识、能力和品质的培养是同时进行的,不能分割开来单独培养。高校在安排课程、选取教材和教学方法时应该让它们相互融合、相互渗透。

三、认清创新创业教育的现实困境

我国创新创业教育发展的时间很短。从发展历程来看,很多阶段性举措都与就业的现实问题密切相关。

众所周知,我国创新创业教育的探索阶段起源于 1997 年。1997年,清华大学在 MBA(工商管理硕士)教育中设立了创新与创业方向,首次把创新创业教育引入我国高校的教育体系中,开创了我国高校创新创业教育的历史先河。自此,也带动了其他高校对创新创业教育的探索。1998年5月,我国成功举办了首届"创业计划大赛"。创新创业教育以举办创业计划大赛的形式引入我国的高校。第二年,清华大学又承办了由共青团中央、中国科学技术协会、中华全国学生联合会主办的首届"'挑战杯'中国大学生创业计划竞赛"。从此,创业计划比赛开始面向全国大学生。创业计划大赛的成功举办,极大地调动了大学生创新创业的积极性,为创新创业教育在高校的进一步开展奠定了基础。为顺应时代发展的潮流,全面推进我国教育的改革和发展,教育部制订了《面向21世纪教育振兴行动计划》,该文件指出,我国教育的目标是要"培养、造就一批高水平的具有创新能力的人才",高校要"加强对教师和学生的创业教育,采取措施鼓励他们自主创办高新技术企业"。这份行动计划充分体现了国家对创新创业教育的重视程度。各大高校也相继对该行动计划做出回应,依据各自的办学特色开展创新创业教育。如武汉大学提出了"创造、创新、创业"的"三创"教育理念,指导并开展本校的创新创业教育工作。

直到2002年4月,教育部确定清华大学、北京航空航天大学、中国人民大学、上海交通大学、西安交通大学、武汉大学、黑龙江大学、南京财经大学和西北工业大学九所高校为创业教育试点院校。这标志着我国在高校开展创新创业教育正式起步。国家通过对这些试点院校提供资金和政策支持,鼓励各院校自主发展创新创业教育,此举措使我国的创新创业教育从单一的创业计划大赛的形式逐步走上各有特色的多元化道路。然而当时,创新创业教育刚进入我国的校园,高校教师对它普遍缺乏专业的了解,这严重制约了创新创业教育的开展。为此,教育部高校司在2003年邀请外国专家开办了第一期的"创业教育骨干教师培训班",对来自100所高校的200多名教师进行了培训。这次培训大大地提高了我国教师的专业水平。2005年,我国开展了大学生KAB创业教育项目。该项目的成果之一《大学生

KAB 创业基础》课程目前已被作为创业教育基础课程在很多高校开设。它填充了我国创新创业教育的课程体系中的空白。

为进一步推动高校创新创业教育,教育部颁布的《教育部关于大力推进高等学校创新创业教育和大学生自主创业工作的意见》指出,"创新创业教育是适应经济社会和国家发展战略需要而产生的一种教学理念与模式。"该意见明确指出,创新创业教育对创新型国家建设、教育改革和人才培养具有重大意义。同时,该意见也对推行高校创新创业教育提出了指导性的建议,倡导全国高校全面推行创新创业教育,这对我国创新创业教育的发展具有极深远的意义。在国家政策的引导下,各高校也纷纷开展了创新创业教育,并取得了一定的成果,如杭州师范大学成立了创业孵化中心,建立大学生创业园、科技园等创业实践基地并投入使用,开设了《创业的教育》《大学生 KAB 创业基础》《大学生职业规划与创业指导》等课程。

这些举措与大学毕业生就业问题密切相关。我国大学毕业生人数逐年增加,加上往年未就业和失业的学生,这就给我国大学生的就业问题带来了严峻的挑战。造成我国就业问题的不仅是高校毕业生的增加,还有很多其他方面的因素:首先,受传统就业观念的影响,"铁饭碗"的思维模式在很大程度上影响了大学生的就业选择。大学生倾向于公务员、事业单位和教师等职业。其次,我国劳动力市场供求不均衡,劳动力资源逐年增加,远大于工作岗位的供给,我国城镇化进程的加快进一步加大了劳动力市场的供求矛盾。再次,经济产业结构的变化和调整。工作岗位的更新造成的结构性失业长期存在。最后,互联网信息技术和科学技术的发展。高科技产品在企业中的运用,逐步替代了劳动力,使现有的劳动力的知识和能力跟不上社会的发展,造成下岗失业人数的增加。目前,我国正处在转型的特殊时期,就业环境的变化给我国带来了很大的就业压力。人们只有通过改变自身的知识和素质才能提高自身的就业能力。而我国的大学生面临就业普遍存在能力不足的问题,大学生自身具备的知识、能力、素质的水平不能满足社会提供的工作岗位对从业者的要求。

从上可以看出,在政府的引导下,我国高校创新创业教育虽然取得了一定的成绩,但是还存在很多问题,如高校和教师重视程度仍然不够、教育理念滞后、教育体系不健全和教学方法不当等。因此,高校开展创新创业教育,要提高大学生的创新创业意识和创新创业能力,这对缓解社会就业压力有很重要的现实意义。有的大学生在择业时有从众心理,认为工作有好坏之分,这才导致了现在的"考公务员热"。开展创新创业教育不仅可以转变大学生的就业观念,还可以让大学生用积极向上的心态去择业,可以帮助学生根据自身情况,制订职业发展规划,选择合适的行业和工作岗位,避免盲目就业。实践教学是创新创业教育的一种重要的教学方式,可以让大学生摆脱书本固化的知识,真正了解社会对人才的要求,从而转变自身的学习方式,提升就业能力。开展创新创业教育,引导大学生自主创业是一种新的就业途径。开办公司不仅解决了自身的就业问题,也创造了大量的工作岗位,在一定程度上能缓解社会的就业压力。我们都知道,创业是一项有风险的活动,创新创业教育可以培养学生预测市场、把握商机、科学决策和经营管理的创业能力,使大学生有效地规避风险,让大学生成功地走上创业的道路。

总之,创新是科技进步的源泉,是经济发展的驱动力,教育则是科技进步和人才培养的基础。为解决我国发展面临的困境,应对国际形势的变迁,我国需要大批具有创新创业精神和创新创业能力的创新型人才。而我国当前的教育模式满足不了这种要求,培养出来的人才缺乏创新意识和创新能力。我国越来越意识到创新和教育对我国发展的重要作用,开始深化改革我国教育事业,通过对教育目标、教学方法和课程体系的完善,把培养学生的创新创业意识和创新创业能力等创造性的素质列入教育实践中。此时,国外的创新创业教育正如火如荼地进行着,并且有些国家已经取得了丰硕的成果。在这种时代背景下,创新创业教育逐步走进了我国的校园,为我国社

会主义现代化建设、实现全面建成小康社会的战略目标以及推动我
国经济的快速发展服务。

第六章

"互联网＋"创新创业案例

第一节 "互联网＋医疗"创新创业

近年来,我国医疗卫生信息化建设步伐加快,医疗卫生信息化建设已经从医院药房管理信息系统、体检管理信息系统、护理管理信息系统、影像存储与通信系统(Picture Archiving and Communication System,PACS)等单一科室的业务系统发展到以医院管理和临床医疗服务为重点的多个科室业务系统互联覆盖全医院的医院信息平台,以及以临床信息共享、区域医疗协同、居民电子健康档案为应用的区域卫生信息平台。其中,以患者电子病历(Electronic Medical Records,EMR)、电子处方服务(Electronic Prescription Service,EPS)为主的医院信息平台和以居民电子健康档案(Electronic Health Records,EHR)为核心的区域卫生信息平台等为代表的医疗卫生信息化发展战略,实现了医疗信息资源共享及利用。

特别是近年来,随着互联网新一代信息技术与医疗卫生行业的深度融合,"互联网＋医疗"产业发展势头迅猛。"互联网＋医疗"可以将专业人员、信息、设备及资源等连接起来并实现良性互动,提供更加便捷化、个性化和精准化的健康医疗服务。

一、"互联网＋"时代下生物医学信息学

随着移动互联网、物联网、云计算、大数据等新兴信息技术与医疗卫生行业产业紧密融合,海量的生物信息与医学信息融合在一起,推动了生物医学信息学学科的迅速发展,促使人类能够系统地认识生命机制、复杂疾病机理以及基因型和表型之间的相关性,并为疾病的预防、诊断、治疗以及预后提供决策依据。生物医学信息学覆盖生物分子、基础医学、影像医学、临床医学、公共卫生等多种生物医学领域的研究和应用。其中,生物信息学侧重在分子和细胞层面上研究人类健康与疾病相关信息,分析生物分子序列、结构、功能以及细胞内各种活动;医学信息学则在组织、器官、个体、群体层面上研究人类健康与疾病相关信息,侧重分析医学影像、电子处方、电子病历以及电子健康档案等。

根据美国人工智能及生物医学信息学专家肖特利弗等提出的生物医学信息学知识框架,生物医学信息学覆盖了从微观的生物分子与细胞尺度到宏观的社会群体尺度,以及处于两者之间的介观尺度,即人体组织与器官尺度、患者个体尺度。针对生物医学信息学不同尺度领域的研究而出现的差异,逐步衍生出以尺度为划分边界的生物医学信息学的四大核心分支学科,即生物信息学、影像信息学、临床信息学和公共卫生信息学。

生物信息学是医学信息学领域中一个重要学科分支,它以计算机科学与技术为重要工具对生物信息进行采集、存储、处理和分析,重点关注基因组学和蛋白质组学等生物分子数据,即从核酸序列及蛋白质序列出发,处理和分析该序列中表现的有关生物分子结构及功能的生物信息。

影像信息学是目前医学信息学领域中发展最为成熟的分支学科,主要以组织和器官为研究对象,关注临床诊疗过程中医学影像操作、处理和管理相关的基础理论和应用机制。目前,影像存储与通信

系统(PACS)广泛应用于医院影像科室。

临床信息学是目前医学信息学领域中应用最广泛的分支学科，重点关注患者个体，即以患者为中心实现临床相关信息的采集、存储、处理、分析和应用。目前，临床信息学在医院的深入应用是以电子病历(EMR)和电子处方(EP)为核心的医院信息平台。

公共卫生信息学是以大众健康管理和服务为目标，重点关注群体流行病监控与预警的分支学科。目前公共卫生信息学在医疗机构的应用是以临床信息共享、区域医疗协同、居民电子健康档案(EHR)为主的区域卫生信息平台。

以移动互联网、物联网、云计算、大数据、人工智能等为代表的新一代信息技术与生物医学信息学的紧密融合，催生了移动医疗、医疗物联网、健康医疗云、健康医疗大数据及智能医疗等应用。

移动医疗(Mobile Health, mHealth)是指通过移动通信技术(PDA、移动电话和卫星通信等)提供医疗管理和服务，主要以基于Android 和 iOS 等移动操作系统的健康医疗类 APP 应用为主。

医疗物联网(Internet of Health Things, IOHT)是指将各种智能传感设备(如医学传感器、红外感应系统、RFID、激光扫描器、全球定位系统等)与互联网融合而形成巨大网络，进而实现健康医疗资源的智能化、信息共享与互联。医疗物联网由三部分组成：一是感知层，主要承担医疗信息的采集(通过智能卡、RFID 电子标签、条码、传感器等)；二是网络层，主要承担医疗信息的传输(通过无线网、移动网、有线网、RFID 网等)；三是应用层，主要完成医疗信息的分析处理和决策支持(医生工作站、护士工作站、IP 通信终端)。

健康医疗云是指通过利用云计算分布式并行计算特征，将计算资源虚拟化，并根据健康医疗信息服务提供者与相关客户事先沟通协商确定的云服务协议提供动态的健康医疗服务。主要包括基于云计算健康医疗模式应用到健康医疗方案、健康医疗流程管理、健康医疗云平台等。通常，健康云服务是以 SaaS(软件即服务)方式，向云计算产业基地所在区下属所有医院和相关医疗机构提供医院管理和居民健康档案管理等应用服务。

健康医疗大数据是指以电子病历、电子处方、居民电子健康档案等为核心的健康医疗信息系统与大数据技术深度融合。健康医疗大数据是国家重要的基础性战略资源。通过利用健康医疗大数据可以辅助医生进行更准确的临床诊断,发现潜在的药物不良反应;可以更精确地预测治疗方案的成本、疗效以及花费降低;可以整合临床数据和基因数据帮助实现癌症的风险评估、预防和个性化治疗;可以发现潜在的流行病,预测疾病暴发等。

智能医疗又称智慧医疗,是指通过临床医疗服务与大数据、云计算、物联网及人工智能等技术的深度融合,以医疗云数据中心为载体,为各方提供健康医疗大数据服务,实现医生与患者、医生与护士、大型医院与社区医院、医疗与保险、医疗机构与卫生管理部门、医疗机构与药品管理之间的六个协同,逐步构建智慧化医疗服务体系。智能医疗是医疗信息化的升级发展。

二、国内"互联网+医疗"发展史

(一)"金卫"工程

1995 年,国家卫生健康委员会着手建设国家医疗卫生信息产业工程(简称"金卫"工程)。"金卫"工程是与国家一系列金字工程相关的工程,是国家信息化建设的重要组成部分,是我国医疗卫生系统的重要基础建设,其总体目标是建立一套以科学管理为基础、以计算机技术为手段的现代化国家卫生信息系统。"金卫"工程建设内容包括医疗卫生信息高速公路建立、现代化医院信息系统开发、卫生保健卡和医疗保险卡推广与应用等,其中,医院信息系统是"金卫"工程的重要组成部分。卫生部分别于 1997 年、2002 年印发《医院信息系统软件基本功能规范》和《医院信息系统基本功能规范》,推动了各级医院信息化建设。

(二)区域卫生信息化工程

2003 年,国家卫生健康委员会印发《全国卫生信息化发展规划纲要 2003—2010 年》,推动卫生系统各专业领域信息化建设,主要涉及医院信息系统、区域化卫生信息系统、社区卫生服务信息系统、预防保健信息系统、医疗服务信息系统、卫生信息化标准体系等。其中,医院信息系统逐步实现从以经济财务为中心的管理信息系统,向以患者为中心的临床信息系统拓展。

2009 年,《中共中央国务院关于深化医药卫生体制改革的意见》将"建立实用共享的医药卫生信息系统"作为支撑深化医药卫生体制改革"四梁八柱"的八柱之一。随后,国家卫生健康委员会分别于 2009 年、2011 年印发《基于健康档案的区域卫生信息平台建设技术解决方案(试行)》和《基于电子病历的医院信息平台建设技术解决方案(1.0 版)》,促进医院信息化、公共卫生信息化和区域卫生信息化实现跨越式发展。

(三)"互联网+医疗"

近年来,我国医疗卫生信息化建设步伐加快,医疗卫生信息化建设已经从单一科室的业务系统发展到以医院管理和临床医疗服务为重点的多个科室业务系统互联以覆盖全医院的医院信息平台,以及以临床信息共享、区域医疗协同、居民电子健康档案为应用的区域卫生信息平台。特别是云计算、物联网、移动互联网及大数据等信息通信技术的快速发展为优化医疗卫生业务流程、提高服务效率提供了条件,必将推动医疗卫生服务模式和管理模式的深刻转变。

2015 年 3 月,国务院办公厅印发《全国医疗卫生服务体系规划纲要(2015—2020 年)》(国办发〔2015〕14 号),提出"互联网+医疗"信息资源配置总体布局,具体如下。

①开展健康中国云服务计划,积极应用移动互联网、物联网、云计算及可穿戴设备等新技术,推动惠及全民的健康信息服务和智慧

医疗服务,推动健康大数据的应用,逐步转变服务模式,提高服务能力和管理水平。

②加强人口健康信息化建设,到 2020 年,实现全员人口信息、电子健康档案和电子病历三大数据库基本覆盖全国人口并实时更新信息动态。

③全面建成互联互通的国家、省、市、县四级人口健康信息平台,实现公共卫生、计划生育、医疗服务、医疗保障、药品供应、综合管理六大业务应用系统的互联互通和业务协同。

④积极推动移动互联网、远程医疗服务等方面的发展。

⑤普及居民健康卡应用,积极推进居民健康卡、社会保障卡、金融 IC 卡、市民服务卡等公共服务卡的应用集成,实现就医"一卡通"。

⑥依托国家电子政务网,构建与互联网安全隔离,联通各级平台和各级各类卫生计生机构的,高效、安全、稳定的信息网络。

⑦建立并完善人口健康信息化标准规范体系。

⑧加强信息安全防护体系建设。

⑨实现各级医疗服务、医疗保障与公共卫生服务的信息共享与业务协同。

2015 年 7 月,国务院《关于积极推进"互联网十"行动的指导意见》(国发〔2015〕40 号)在第 6 项重点行动(即"互联网十"益民服务)中提出"推广在线医疗卫生新模式""促进智慧健康养老产业发展"。

推广在线医疗卫生新模式进一步明确"互联网十医疗"行业发展的五大方向,即医疗信息共享服务平台、移动医疗便捷服务、远程医疗服务、"互联网十"公共卫生服务以及"互联网十"健康服务,具体指导意见包括以下几点。

①通过基于互联网的医疗卫生服务,第三方机构可以构建医学影像、健康档案、检验报告及电子病历等医疗信息共享服务平台,逐步建立跨医院的医疗数据共享交换标准体系。

②利用移动互联网提供在线预约诊疗、候诊提醒、划价缴费、诊

疗报告查询及药品配送等便捷服务。

③医疗机构面向中小城市和农村地区开展基层检查、上级诊断等远程医疗服务。

④互联网企业与医疗机构合作建立医疗网络信息平台,加强区域医疗卫生服务资源整合,充分利用互联网、大数据等手段,提高重大疾病和突发公共卫生事件防控能力。

⑤积极探索互联网延伸医嘱、电子处方等网络医疗健康服务应用。

⑥有资质的医学检验机构、医疗服务机构可以联合互联网企业,发展基因检测、疾病预防等健康服务模式。

促进智慧健康养老产业发展的指导意见包括以下几点。

①支持智能健康产品创新和应用,推广全面量化健康生活的新方式。

②健康服务机构利用云计算、大数据等技术搭建公共信息平台,提供长期跟踪、预测预警的个性化健康管理服务。

③第三方在线健康市场调查、咨询评价、预防管理等应用服务,提升其规范化和专业化运营水平。

④依托现有互联网资源和社会力量,以社区为基础,构建养老信息服务网络平台,提供护理看护、健康管理、康复照料等居家养老服务。

⑤养老服务机构应用应基于移动互联网的便携式体检、紧急呼叫监控等设备,以提高养老服务水平。

2016年3月,国务院办公厅《关于促进医药产业健康发展的指导意见》(国办发〔2016〕11号)从政策层面推动互联网与医疗的融合,推动医药行业健康发展,要求建设智能示范工厂并开展智能医疗服务。

建设智能示范工厂的指导意见包括以下几点。

①推进医药生产过程智能化,进行智能工厂和数字化车间的建设示范。

②加快人机智能交互、工业机器人等技术装备在医药生产过程中的应用，推动制造工艺仿真优化、状态信息实时反馈和自适应控制。

③应用大数据、云计算、互联网、增材制造等技术，构建医药产品消费需求动态感知、众包设计、个性化定制等新型生产模式。

④加快实现医疗器械产品数字化、智能化，重点开发可穿戴、便携式等移动医疗和辅助器具产品，推动生物三维（3D）打印技术、数据芯片等新技术在植介入产品中的应用。

⑤推进医药生产装备智能化升级，加快工控系统、智能感知元器件等核心技术装备的研发和产业化，支撑医药产业智能工厂建设。

开展智能医疗服务的指导意见包括以下几点。

①发挥优质医疗资源的引领作用，鼓励社会力量参与，整合线上线下资源，规范医疗物联网和健康医疗应用程序（APP）管理。

②积极开展互联网在线健康咨询、预约诊疗、候诊提醒、划价缴费及诊疗报告查询等便捷服务。

③加强区域医疗卫生服务资源整合，鼓励医疗服务机构建立医疗保健信息服务平台，积极开展互联网医疗保健信息服务。

④引导医疗机构运用信息化、智能化技术装备，面向基层、偏远和欠发达地区，开展远程的病理诊断、影像诊断、专家会诊、监护指导及手术指导等远程医疗服务。

中国卫生信息技术交流大会上，专家获得如下共识。

①医疗行业核心：分级诊疗，把最优质的医疗支援下沉到基层。

②加强改革创新：数据开放共享，推动健康大数据应用。

③加强重点攻关：信息安全，实施"互联网＋医疗"管理办法。

④加强培训教育：医务工作者继续教育，为民众科普知识。

⑤加强协同服务：推进远程医疗、互联网医疗建设。

显然，大医院发展将面临以下挑战。

①在政策方面，响应国家"医疗＋互联网"政策号召，推进医院信

息化建设。

②在竞争方面,各大医院都在通过协作医院的网络布局来争夺医疗资源。

③在服务方面,服务内容从"院内"向"院内＋院外"转变。服务形式不断多样化,患者就医体验得到优化。

三、健康医疗大数据

(一)健康医疗大数据简介

大数据是以容量大、类型多、存取速度快、应用价值高为主要特征的数据集合,正快速发展为对数量巨大、来源分散、格式多样的数据进行采集、存储和关联分析,从中发现新知识、创造新价值、提升新能力的新一代信息技术和服务业态。大数据与云计算、物联网、移动互联网等新一代信息技术融合发展,以及大数据与传统产业协同发展的新业态、新模式将进一步促进传统产业转型升级和新兴产业发展,培育新的经济增长点。

大数据正在成为推动经济转型发展的新动力,正在成为新的经济增长点,这将对未来信息产业格局产生重要影响。

①以数据流引领技术流、物质流、资金流、人才流,将深刻影响社会分工协作的组织模式,促进生产组织方式的集约和创新。

②大数据推动社会生产要素的网络化共享、集约化整合、协作化开发和高效化利用,改变了传统的生产方式和经济运行机制,可显著提升经济运行水平和效率。

③大数据持续激发商业模式创新,不断催生新业态,已成为互联网等新兴领域促进业务创新增值、提升企业核心价值的重要驱动力。

国务院《关于印发促进大数据发展行动纲要的通知》(国发〔2015〕50 号)提出"健康医疗服务大数据工程",具体包括以下几点。

①构建电子健康档案、电子病历数据库,建设覆盖公共卫生、医

疗服务、医疗保障、药品供应、计划生育和综合管理业务的医疗健康管理和服务大数据的应用体系。

②探索预约挂号、分级诊疗、远程医疗、检查检验结果共享、防治结合、医养结合及健康咨询等服务,优化形成规范、共享、互信的诊疗流程。

③鼓励和规范有关企事业单位开展医疗健康大数据创新应用研究,推进综合健康服务应用。

健康医疗大数据是国家重要的基础性战略资源。健康医疗大数据应用发展将带来健康医疗模式的深刻变化,有利于激发深化医药卫生体制改革的动力和活力,提升健康医疗服务效率和质量,扩大资源供给,不断满足人民群众多层次、多样化的健康需求,有利于培育新的业态和经济增长点。

国务院办公厅《关于促进和规范健康医疗大数据应用发展的指导意见》(国办发〔2016〕47号)要求顺应新兴信息技术发展趋势,规范和推动健康医疗大数据融合共享、开放应用。

健康医疗大数据应用发展目标包括以下几点。

①到2017年末,实现国家和省级人口健康信息平台以及全国药品招标采购业务应用平台互联互通,基本形成跨部门健康医疗数据资源共享共用格局。

②到2020年,建成国家医疗卫生信息分级开放应用平台,实现与人口、法人、空间地理等基础数据资源跨部门、跨区域共享,医疗、医药、医保和健康各相关领域数据融合应用取得明显成效。统筹区域布局,依托现有资源建成100个区域临床医学数据示范中心,基本实现城乡居民拥有规范化的电子健康档案和功能完备的健康卡的预期。随着健康医疗大数据相关政策法规、安全防护、应用标准体系不断完善,适应国情的健康医疗大数据应用发展模式基本建立。健康医疗大数据产业体系的初步形成、新业态蓬勃发展,人民群众得到更多实惠。

(二)健康医疗大数据应用任务

1.夯实健康医疗大数据应用基础

①加快建设统一权威、互联互通的人口健康信息平台。

②推动健康医疗大数据资源共享开放。

2.全面深化健康医疗大数据应用

①推进健康医疗行业治理大数据应用。

②推进健康医疗临床和科研大数据应用。

③推进公共卫生大数据应用。

④培育健康医疗大数据应用新业态。

⑤研制推广数字化健康医疗智能设备。

3.规范和推动"互联网十健康医疗"服务

①发展智慧健康医疗便民惠民服务。

②全面建立远程医疗应用体系。

③推动健康医疗教育培训应用。

4.加强健康医疗大数据保障体系建设

①加强法规和标准体系建设。

②推进网络可信体系建设。

③加强健康医疗数据安全保障。

④加强健康医疗信息化复合型人才队伍建设。

(三)健康医疗大数据应用领域

1.语音识别领域

梅奥诊所与以色列语音分析公司(Beyond Verbal)合作研究,发现13个语音特征和冠心病存在相关性,其中一个语音特征与冠心病存在强相关。

2.自然语言处理领域

IBM的沃森机器人能够在17秒内阅读3469本医学专著、

248000 篇论文、69 种治疗方案、61540 次实验数据、106000 份临床报告，并根据医生输入的患者指标信息最终提出优选的个性化治疗方案。

3. 医疗影像智能诊断领域

健康医疗大数据中有超过 90% 的数据来自医疗影像，医疗影像领域拥有孕育深度学习的海量数据，也存在着借助深度学习提高医生"看片子"诊断效率的需求。

①借助深度卷积神经网络（Convolutional Neural Network, CNN）技术，2016 年斯坦福大学研究者在谷歌用于识别猫和狗算法的基础上，经过 13 万张皮肤病变的图像训练后，其可用于识别皮肤癌。该系统与 21 位皮肤科医生进行的角质细胞癌与良性脂溢性角化病、恶性黑色素瘤和普通的痣对比测试结果表明人工智能系统的皮肤癌鉴定水平与皮肤科专家医生相当。

②2016 年，谷歌（Google）研究者利用深度学习创建了一种能够检测糖尿病视网膜病变和黄斑水肿的算法，能够通过眼部扫描图像判断患者的视网膜是否发生了病变，辅助医生在有限的医疗条件下进行诊断。为了训练该算法，研究者从 EyePACs 数据库搜集 128175 例注释图片，每张图片都记录 3~7 名眼科医师的评估结果。为了验证算法的准确度，研究者使用两个独立数据集进行验证，一个 9963 例图像、一个 1748 例图像。与 8 名眼科医生诊断结果对比表明，谷歌的这款算法甚至超过人类医师。

四、智慧健康养老产业

当前我国正处于工业化、城镇化、人口老龄化快速发展阶段，生态环境和生活方式不断变化，健康、养老资源供给不足，信息技术应用水平较低，难以满足人民群众对健康、养老日益增长的需求。智慧健康养老利用物联网、云计算、大数据、智能硬件等新一代信息技术，能够实现个人、家庭、社区、机构与健康养老资源的有效对接和优化配置,推动健康养老服务智慧化升级,提升健康养老服务质量、效率和水平,创新发展慢性病管理、居家健康养老、个性化健康管理、互联网健康咨询、生活照护及养老机构信息化服务等健康养老服务模式。

2017年2月,工业和信息化部、民政部、国家卫生和计划生育委员会《关于印发智慧健康养老产业发展行动计划(2017—2020年)》(工信部联电子〔2017〕25号)提出2017年到2020年的发展目标。

①基本形成覆盖全生命周期的智慧健康养老产业体系,建立100个以上智慧健康养老应用示范基地,培育100家以上具有示范引领作用的行业领军企业,打造一批智慧健康养老服务品牌。

②健康管理、居家养老等智慧健康养老服务基本普及,智慧健康养老服务质量和效率显著提升。

③智慧健康养老产业发展环境不断完善,制定50项智慧健康养老产品和服务标准,信息安全保障能力大幅提升。

智慧健康养老产业发展行动计划的重点任务包括推动关键技术产品研发、推广智慧健康养老服务、加强公共服务平台建设、建立智慧健康养老标准体系、加强智慧健康养老服务网络建设和网络安全保障。

智慧健康养老产业关键技术产品研发包括以下几点。

①适用于智能健康养老终端的低功耗、微型化智能传感技术,室内外高精度定位技术,大容量、微型化供能技术,低功耗、高性能微处理器和轻量操作系统。

②适用于健康管理终端的健康生理检测、监测技术。

③针对家庭、社区、机构等不同应用环境,研发健康管理类可穿戴设备、便携式健康监测设备、自助式健康检测设备、智能养老监护设备、家庭服务机器人等,满足多样化、个性化健康养老需求。

④运用互联网、物联网、大数据等信息技术手段,实现智慧健康养老应用系统集成,建立老年健康动态监测机制,整合信息资源,为老年人提供智慧健康养老服务。

⑤运用健康状态实时分析、健康大数据趋势分析等智能分析技术，研发健康养老数据管理和智能分析系统，实现健康养老大数据的智能判读、分析和处理，提供便捷、精准、高效的健康养老服务。

第二节 "互联网＋教育"创新创业

一、"互联网＋教育"简介

"互联网＋教育"将教育置于互联网的大背景、大格局中进行整体的推动发展，这是我国教育信息化多年建设的必然结果，更是教育信息化进一步发展的内在要求。

(一)"互联网＋教育"定义和特征

"互联网＋教育"即智慧教育，就是利用现代信息与通信技术和互联网平台变革教育，让互联网与传统教育行业进行深度交汇与融合，以创造和发展教育新生态。例如，"学校＋老师＋学生＋教室"是传统教育，而"网络＋移动终端＋学生＋任意学校＋任意老师"就是"互联网＋教育"，教育资源从封闭到开放，教育机构从单一到多元，学习从被动到自主，教学从灌输到互动。

"互联网＋教育"的核心特征是开放、大规模、关注人、运营模式颠覆、注重生态。

1.开放

开放是指理念的开放、形式的开放、内容的开放、过程的开放和评价的开放；是指教育取消一切门槛，接纳一切优缺点，将教育产品和服务直面学习者，甚至包括控制权和评价权都向学习者开放，让学习者参与评价，改善学习过程，提高学习体验。

2.大规模

"互联网＋"时代，教育彻底脱离精英教育的人才培养数量的桎梏,产生规模教育。从现在发展状态来看,已经呈现一些特征,如高等教育二次大众化。"互联网＋教育"产品受益人群从以往课堂教学的几十人向通过互联网的"成千上万"人转变。通过结构化学习和非结构化学习、正式学习和非正式学习、有证书的学习和没有证书的学习等途径将学习通过互联网传达到世界各个角落,产生巨大的学习人群。

3.关注人

关注人是指在"互联网＋教育"运行模式中,以人为核心,以人的学习体验为核心关注点,赋予人教育的主体地位,凸显人的价值,实现教育是培养人的本质。围绕人的价值实现,教育需要重新思考学习者地位的问题,关注学习者学习体验和个性化学习需求,关注学习者对学习过程的评价。

4.运营模式颠覆

运营模式颠覆是指教育将改变运行流程和模式,产生新的运行机制。如 MOOC 的学习过程不收费,但通过证书、考试和其他服务收费方式获取资源(通过政府购买服务获取办学资金等方式,产生新的运行模式)。

5.注重生态

注重生态是指以互联网为核心支撑的教育关注从口碑到呈现形式、从资源到服务的全过程,注重良好体验,不刻意打压竞争对手,注重培养以"人数"为核心的教育"粉丝",注重学习结果的认定和学习"立交桥"的打造,实现"能量"合理流动,努力实现教育"互联网"生态。

(二)"互联网＋教育"的内涵

1.技术

"互联网＋教育"主要依托传统互联网、移动互联网的互联网技术,以声音、动画、视频技术、虚拟现实技术等多媒体技术为载体,以大数据、云计算等技术为发展动力。

2. 形态

(1)网络视频公开课

网络视频公开课是指网上提供课堂实录录像。加州大学伯克利分校、麻省理工学院、卡耐基梅隆大学、英国公开大学、约翰·霍普金斯大学、华盛顿大学、中国开放教育资源协会、复旦大学等知名大学或机构已纷纷在 Internet 上将教学视频上传,供全世界求知者学习。例如,哈佛大学公开课、中国大学公开课、林地高中等。

(2)微课

微课即微课程,是指按照新课程标准及教学实践要求,为使学习者自主学习获得最佳效果,经过精心信息化教学设计,时间短小(在10分钟以内)、内容精悍,以流媒体形式展示的围绕某个知识点(如重点、难点、疑点、考点等)或教学环节(如学习活动、主题、实验、任务等)开展的简短、完整的教学活动,其核心组成内容是课堂教学视频(课例片段),同时包含与该教学主题相关的教学设计、素材课件、教学反思、练习测试及学生反馈、教师点评等辅助性教学资源。微课以一定的组织关系和呈现方式共同"营造"一个半结构化、主题式资源单元应用"小环境"。例如,可汗学院、百度传课、腾讯课堂、掌上新东方、网易云课堂、浙江微课网等。

(3)慕课

慕课即"大规模开放的在线课程(Massive Open Online Course,MOOC),是一种大规模、以 Internet 为平台、以联通主义理论和网络化学习的开放教育学为基础的在线网络课程教学形式。授课过程采用一种将分布于世界各地的授课者和学习者通过某一个共同话题或主题联系起来的授课方式。所有慕课以每周研讨话题形式提供一种大体时间表,其余课程结构也很小,通常会包括每周一次讲授、研讨问题以及阅读建议等。每门课都有频繁的小测验,有时还有期中和期末考试,考试也通常由同学评分(比如,一门课的每份试卷由同班的五位同学评分,最后分数为平均数)。术语 MOOC 在 2008 年由加拿大爱德华王子岛大学网络传播与创新主任与国家人文教育技术应用研究院高级研究员联合提出。目前,正在运行慕课的平台较多。例如,美国的 Coursera、edX、Udacity;中国的大学 MOOC、Ewant、学堂在线、好大学在线、慕课网、酷学习、华师慕课;英国的 FutureLeam;澳大利亚的 Open2Study。

(4)翻转课堂

翻转课堂译自 Flipped Classroom 或 Inverted Classroom,也可译为"颠倒课堂",是指重新调整课堂内外时间,将学习决定权从教师转移给学生。教师在课堂时间采用讲授法和协作法来满足学生需要和促成他们的个性化学习,进行答疑解惑、知识运用,不再讲授知识,由学生在课后自主学习,可以看视频讲座、听播客、阅读功能增强的电子书,还能在网络上与别的同学讨论,能在任何时候去查阅需要的材料。例如,e 板会、翻转课堂、南山实验教育等。

(5)导流学习

导流学习一种是 O2O 场景转换学习,通过固定教育场景的信息化导流来在线上实现教育互联网化。例如,由电子教育专家刘桥明研发的"好成绩"学习机,利用"线上学习"十"线下亲子互动"将互联网与教育紧密结合。另一种是通过互联网平台获得用户再导流的线下教育。例如,"E 学大"提倡个性化辅导教育,根据每个学生需求和喜好量身定制个性化辅导方案,同时匹配全职专业辅导小组进行一对一的辅导。

(6)弹幕教学

弹幕教学是借助互联网技术实现的一种课堂互动教学,在上课过程中,学生手持平板电脑或者手机,随时可以通过网络发表疑问、提出看法,这些内容会即时显示在课件上,授课教师根据学生的反馈,随时调整授课内容和方式。

（7）创客空间

创客空间是借助互联网技术，按"创意—设计—制作—分享—评价"流程，让每一位教师成为创客，让每一位学生也成为创客，即让学习者也成为教学者，让学习者在探索、创造和制作中主动与协作学习。例如，MIT Scratch 社会化学习空间等。

3. 内容

对于中国教育领域，"互联网＋教育"意味着教育内容持续更新、教育样式不断变化、教育评价日益多元。"互联网＋教育"本质上就是在师生分离情况下，借助互联网信息技术开展新型教育教学模式。这种新型教学模式是对原有教学结构的创新，实现"以学生为中心"的教学理念，而教师则成为整个教学活动的组织者和引导者。

具体来说，"互联网＋教育"催生以下几种教学模式。

（1）"互联网＋课程"

"互联网＋课程"不仅能产生网络公开课程，还能让整个学校课程从组织结构到基本内容都发生巨大变化。正是因为具有海量资源的互联网的存在，才使得从小学到大学各学科课程内容全面拓展与更新，适合不同类型学习者的诸多前沿知识能够及时地进入课堂，成为学生的精神套餐，课程内容的艺术化、生活化也变成现实。通过互联网，学生获得知识之丰富和先进完全可能超越作者。除了对必修课程内容的创新，在互联网支持下，校本选修课程开发与应用也变得轻而易举，越来越多的学校能够开设上百门特色校本选修课程，诸多从前想都不敢想的课程如今都成为现实。

（2）"互联网＋教学"

借由"互联网＋教学"，形成了网络教学平台、网络教学系统、网络教学资源、网络教学软件、网络教学视频等诸多全新的概念，不但帮助教师树立先进教学理念，还改变了课堂教学手段，大大提升了教师的教学素养。互联网技术发展促使以先学后教为特征的"翻转课堂"真正成为现实。同时，通过互联网可以完全突破课堂上时空的限制,教学中师生互动不再流于形式。在互联网天地中,教师主导作用达到最高限度,教师通过移动终端,能及时地给予学生点拨与指导。同时,教师不再居高临下地灌输知识,更多的是提供资源链接,实施兴趣的激发,进行思维的引领。学生在课堂上能够获得他们想要的知识,能够见到自己仰慕的人物,能够通过形象的画面和适宜的声音解开心中的各种疑惑。

(3)"互联网＋学习"

"互联网＋学习"创造了如今十分红火的移动学习,但它绝对不仅仅是作为简单的、随时随地可学习的一种方式而存在的概念,它代表学生学习观念与行为方式的转变。通过互联网,学生学习主观能动性得以强化,在互联网世界中寻找到学习的需求与价值,寻找到不需要死记硬背的高效学习方式,寻找到可以解开诸多学习疑惑的答案。研究性学习倡导多年,但一直没能在中小学真正得以应用和推广,其中重要原因就在于它受制于研究指导者、研究场地、研究资源、研究财力物力等。但是,随着互联网技术的日益发展,这些问题基本都能迎刃而解。在网络天地间,学生对研究对象可以轻松地进行全面多角度观察,可以对相识的人与陌生人群作大规模调研,甚至可以进行虚拟的科学实验。当互联网技术成为学生手中的利器,学生才能真正确立主体地位,摆脱学习被动感,自主学习才能从口号变为实际行动。大多数中小学生都将有能力在互联网世界中探索知识、发现问题、寻找解决途径。"互联网＋学习",对于教师的影响同样是巨大的,教师远程培训兴起完全基于互联网技术发展,而教师终身学习理念也在互联网世界里得以实现。多数使用互联网的教师十分清楚自己曾经拥有的知识,是以飞快的速度在锐减老化,也真正懂得"弟子不必不如师,师不必贤于弟子"的道理。互联网不仅改变着教师教学态度和技能,也改变了教师学习态度和方法。教师不再以权威俯视学生,而是真正蹲下身子与学生对话,成为学生的合作伙伴与他们共同进行探究式学习。

（4）"互联网＋评价"

"互联网＋评价"也就是另一个热词"网评"，在教育领域里已经成为现代教育教学管理工作的重要手段。学生通过网络平台，给教师的教学打分，教师通过网络途径给教育行政部门及领导打分，而行政机构也通过网络大数据对不同学校、教师教育教学活动及时进行相应评价与监控，确保每个学校、每名教师都能获得良性发展。换句话说，在"互联网＋"时代，在教育领域里每个人都是评价主体也是评价对象，而社会各阶层也将更容易通过网络介入对教育进行评价。此外，"互联网＋评价"改变的不仅是上述评价方式，更大的变化还有评价内容和标准。例如，传统教育教学体制下，教师教育教学水平基本由学生成绩来体现，而在"互联网＋"时代，教师信息组织与整合、教师教育教学研究成果的转化、教师积累经验通过互联网获得共享程度等都将成为教师考评的重要指标。

（三）发展"互联网＋教育"的重要意义

1. 全民终身学习机会进一步扩大离不开"互联网＋教育"

学习机会扩大源于教育资源供给扩大和有效覆盖，国内外经验都表明，信息技术是创造和传播教育资源最经济、最便捷、最有效的手段。随着互联网技术的发展，教育资源的创造和传播的广泛性、精准性、可获得性得到进一步提升。如果想要进一步扩大全民终身学习机会，"线上＋线下"方式是一种理想途径。

2. 教育质量全面提升离不开"互联网＋教育"

教育质量全面提升依赖于教学方式的变革。变革教学方式首先要求教育者能够按照认知规律科学调整教学模式；其次要为学习者提供更好的学习工具；最后要形成更为紧密、更为有效的教学回路。连接一切、精准实施、伴随反馈、及时调整是其中关键，是信息技术的优势所在。全面提升教育质量，迫切需要"互联网＋教育"思路与技术的参与。

3.教育发展成果更公平地惠及全民离不开"互联网＋教育"

教育脱贫、教育均衡是广大人民群众的长期要求,也是我国教育发展的一大目标。要实现教育脱贫和教育均衡,首先是要更好地布局教育资源,使得教育资源能与地区经济、社会发展态势形成更优匹配;其次是要求扩大优质教育资源覆盖面,使得优质教育资源稀缺的地区、家庭、个体能享受到更好的教育服务。

通过信息技术、互联网技术一方面可以融会数据,形成有效教育决策支持系统,帮助教育决策者评估、布局、调整教育资源;另一方面可以通过"名师课堂""名校网络课堂""专递课堂""在线开放课堂"等形式,低成本复刻、大规模推送、高精度送达优质教育资源,以此促进教育脱贫、教育均衡。

4.人才供给和高校创新能力明显提升离不开"互联网＋教育"

国内外实例表明,高校科研水平提升、优秀人才涌现越来越依靠产、学、研之间联动,越来越依靠学科与学科之间互融,越来越依靠大规模协作。缺乏信息技术、互联网技术支撑,高校优质的联动、互融、协作将难以实现。"互联网＋教育"可以在汇聚经济、社会发展的数据基础上分析技术需求、人才需求,对高等教育、职业教育等"终端学段"人才培养的量、类、质提出更加明确的要求,加之对联动、互融、协作的促进,进一步提升高校科研水平和人才供给的精准性、有效性。

5.教育体系制度更加成熟离不开"互联网＋教育"

教育体系制度成熟是为了更好地提升教育治理体系和治理能力的现代化水平。权责明晰、流程清楚,治理过程可检验、可追溯、可公开是成熟教育体系制度的基础,这就要求能够清晰安排教育主体、科学规范教育流程,有关数据既可用又安全,而信息技术、互联网技术无疑是实现这一基础的基石。随着"互联网＋教育"的全面展开,我国教育体系制度将随之更加成熟。教育发展五大具体目标与信息技术、互联网技术之间的关系清晰地表明"互联网＋教育"是我国教育发展形势确定的教育信息化进一步发展的内在要求。

6. 中国教育发展的整体愿景要求全国上下积极推进"互联网＋教育"

"互联网＋"难点在于"互联"二字，迫切需要解决的问题包括：

①怎样顺应互联网发展规律调动社会积极性，实现市场、企业与教育互联，使得"互联网＋教育"形成可持续发展的局面。

②怎样实现宏观教育管理与微观教学实践互联，使得"互联网＋教育"效能更加提升。

③怎样实现教育领域全要素互联，使得"互联网＋教育"推进更加可靠。

二、中国在线教育发展历程

早期在线教育是典型的"教育＋互联网"模式，即在传统教育基础上嫁接互联网渠道但传统思维占据主导，无论是技术、人才，还是运营管理等都与互联网特质相去甚远，产业升级速度缓慢。随着网络技术发展、网民消费习惯改变、"互联网＋教育"探索开始，互联网思维占主导，颠覆了以往的教学主体、教育模式和运营思路等，并对传统教育体制产生倒逼作用。

(一)教育远程化

20世纪90年代中期，中国互联网刚刚起步，计算机配置、网络速度、宽带基础等都较差，网络普及和接受程度较低，教育机构开始以网络为介质进行远程教育，通过互联网分享自己的师资力量，扩大教育资源覆盖范围。在国家教委的支持下，清华大学等10所高校共同建设"中国教育与计算机示范工程"，并提出"远程教育"概念。1996年成立101网校，成为首家中小学远程教育网站。远程教育将渠道从线下拓展至线上，但教育形式方面仍是以文本传输为主，不仅教育形式受限,用户体验受限,而且用户群体主要是由于时间、地域和学历等因素无法接受教育的青年人,社会对于在线教育普遍接受度不高,更谈不上付费。

(二)教育信息化

20 世纪 90 年代中后期,国家支持的高等学历在线教育得到发展,民营培训机构也积极转战线上。随着信息技术与基础教育、高等教育紧密结合,高校不断推出在线教育课程,教育信息化建设也引起国家相关部门的重视。同时,传统基础教育和高等学校中的老师、学生也成为主要用户,整体市场出现短暂繁荣。据不完全统计,短短四年时间内,中国网校数量迅速增至上千家,在线教育市场整体容量逐年提升,但是增长速度与当时发展更为迅猛的门户网站、电子商务等行业相比仍显得缓慢。

在学历教育主导市场的情况下,教育部进行远程教育试点。1998 年推出网上研究生进修课程。同年,教育部正式批准清华大学、北京邮电大学、浙江大学和湖南大学为国家现代远程教育第一批试点院校。2000 年教育部将远程教育试点院校增至 31 所,同时准许高校开设网络教育学院,颁发网络教育学历文凭。这是在线教育发展史上的重大突破,为在线教育未来发展进行了早期的探索,也成为当时在线教育市场规模增长的主要动力,占市场规模的比例近 94%。

时至今日,高等学历在线教育仍是市场规模增长的主要动力。同时,民营培训机构转战线上,并获得高等学历经营权限。比如,弘成教育成立并与 40 多家高校展开合作,为学生提供高等学历教育服务。新东方网校的正式上线运营,成为培训机构触网大潮的重要节点。由于国家对于互联网教育投入持续增加,以及互联网技术不断进步,在线教育相关技术得以推进发展,音频、视频在线教育资源开始出现并得以快速发展。

(三)教育网络化

教育网络化这一时期是在线教育在 21 世纪发展的第一个 10 年。

随着个人计算机和 Internet 的发展,在线教育整体仍保持增长,但是高等学历在线教育和企业网校的发展却是冰火两重天。一方面高等学历在线教育受到国家政策的支持而稳定增长。另一方面,以企业网校为代表的在线教育开始随着互联网泡沫破裂而急速衰落,即使出现短时间回暖,但整体难掩衰退大势。

其后,互联网教育企业陆续上市,如弘成教育、东大正保分别在美国上市,提升了行业的社会关注度。互联网教育进入多媒体阶段,一定程度上提升了用户体验,但交互性、趣味性仍然欠缺,用户黏性不高,不少企业仅将互联网教育作为线下培训机构的补充,或是宣传推广和资讯展现平台,整体盈利能力仍然较弱。

(四)教育在线化

从 2010 年开始,在线教育真正进入在线阶段。教育模式出现颠覆式创新,教育领域更加细分,全球性的教育投资和创业热潮愈演愈烈,并且用户群体从学生扩大到全民,在线教育行业也被赋予促进优质教育资源公平共享的崇高使命。2010 年,由孟加拉裔美国人萨尔曼·可汗创立的可汗学院的成功运营引发了全世界的广泛关注。随后,美国 MOOC(大规模开放在线课程)平台的上线更是吸引全球大量用户,并颠覆传统教育中以教师为中心、一对多的教学模式,更多以学员为中心、注重交互性与个性化的教育模式出现,如"翻转课堂"等。

教育部于 2014 年 7 月开始推出对我国广大中小学教师最具吸引力的创新实践活动,大力建设三通(宽带网络校校通、优质资源班班通、网络学习空间人人通)、两平台(教育资源公用服务平台、教育管理公共服务平台)。另外,在线教育学分认定与学分转换制度也在推进中,这意味着教育产业将迎来重大变革和机遇。教育形式变得多媒体化、互动化,教育渠道变得多元化,计算机、手机、平板电脑、数字电视以及智能设备(如谷歌眼镜)等不断涌现。移动端主要是各类教育 APP,如早教、答疑、背单词等细分内容,整体同质化程度较高。因此,在线教育产品营销变得越来越重要。在线教育保持高速增长,主要动力来自高等学历在线教育、在线语言教育、职业在线教育,而学前在线教育虽然拓展较慢,但用户规模却在高速增长。

三、互联网教育模式

(一)商业模式

目前"互联网十教育"主要的商业模式有 B2B、B2C、B282C、C2C、C2C+O2O 和 B2C+O2O 等。

1. B2B 模式

BAT(百度、阿里巴巴、腾讯)原来为教育企业提供广告服务,以及向企业、政府、团体提供在线教育服务模式,如在线企业大学、大客户培训等都属于 B2B 业务。

最早,百度、搜狐、新浪三大门户为教育培训机构提供信息浏览的服务,并通过用户倒流,将普通用户转化成付费用户,这就是 B2B 业务最早原型。目前,百度在线教育行业收入规模庞大,每年约四五十亿,仅次于医疗行业。

B2B 模式在转型期更为在线教育整体解决方案。比较常见的有:为 B 端企业用户提供在线教育平台开发以及相关服务工具的云平台、对高校以及图书馆提供多媒体学习内容平台。

在中国的二、三线城市,师资和成本都相对难以把握,这种利用互动测试和在线讲解方案的方式可以解决一部分难题。当然,虽然B2B 服务从技术上为教育企业提供转型条件,但是教育核心还是在于对 C 端用户提供的课程和价值,企业的痛点在于如何获客。

已经有平台尝试在提供 B2B 服务的同时,可以提供校长培训服务以提高管理效率,完善销售管理系统以提高企业付费转化率,以及提供一些营销类工具,以降低获客成本。比如,前一段时间在中小教育企业流行的"校宝",以及"跟谁学"的"天校"系统。

教育体系分支众多,难以有平台做到"一招鲜"服务,定制化开发成本又相对较高,B2B模式将来能否顺利盈利还需要平台深入到各个领域研究,找出能够提高效率的共性点。

2.B2C模式

在在线教育行业B2C模式中,占比47%,居于主流地位,这个模式下的产品更像忠于内容的网校模式,代表有91外教、5ITalk、VIPABC、沪江网校和优才网。在制作教育培训产品方面,机构可以更标准更专业,同时由于toC可以直接掌控消费者的心智,B2C模式也是在所有模式中唯一能挣到钱的,这也是为什么VIPABC、沪江网校、小站可以拿到大额的融资的原因。

B2C授课形式在不断进化,从录播到直播,从班课到1对1。

在这个领域,目前产品和收入规模都没有太出位的公司,是因为大家大都把线下教室直接生搬硬套到线上,从而用户体验较差。平台更需要考虑的是如何将产品和服务互联网化,适应用户碎片化时间使用需求。

3.B282C模式

B282C模式是由供应商到品牌商、品牌商再到用户的一种商业模式,典型代表为YY教育、能力天空、传课网、天下网校等。

4.C2C模式

C2C模式是通识类教育平台,集众人之力为平台提供更全面的内容支持。比如,面向白领人群"多贝网",可以采用学习与分享的C2C模式,其盈利模式为"分成+云服务"。

相比来说,"在行""分答"对C2C模式的运用表现得更加人性化和社交化,其中"在行"将知识、人脉直接1v1关联起来,相当于将原本的知识教育又往前延伸一步到人脉,其效率还有提升空间。

三大互联网巨头BAT,面对未来还未明确的在线教育市场,也开始布局C2C平台抢占用户资源。谁先抢占机构、老师、用户,形成生态系统,谁就抢占先机。略有不同的是,腾讯打造授课平台——腾讯课堂,百度打造搜索平台——百度传课,淘宝打造交易平台——淘宝同学,与各自互联网核心业务的调性基本一致。

当然,无论是创业者还是巨头,同样会面对 C 端老师的素质不一、内容输出周期无法得到保障的问题,名师资源争夺也将会是各个C2C 平台需要面对的问题。

5. C2C+O2O 模式

这是一种个人对个人、线上到线下的模式,一方面存在着 C2C 优质师资缺乏的问题,另一方面也面临着线下教学场地、组织成本等问题。例如,第九课堂。

6. B2C+O2O 模式

B2C+O2O 模式,即机构到个人、线上到线下模式,依靠 B 端品牌优势和优质师资力量,再依托线上线下相结合运营模式来解决互动与社交环节的问题。例如,和君商学院在线班。

(二)盈利模式

总的来看,互联网教育公司的盈利模式大体上可以分为内容收费、广告收费、技术服务、咨询服务、软件收费和平台佣金这六种。其中,按内容收费和对广告收费这两种盈利模式相对传统,但盈利性尚可。

1. 内容收费

教育内容作为教育行业的核心竞争力,其质量优劣将对能否直击用户痛点、培养消费者黏性起到决定性作用。作为在线教育最传统的收费模式,按内容收费在最早期网校、培训课程中已经被广泛利用。其内容类型包括学习视频、学习工具、文档资料等,以新东方、好未来、正保远程教育等为代表企业。然而,随着基础内容全部免费趋势逐渐明显,在未来内容提供商盈利点或将转向大数据下更具个性化的专项内容提供。

2.广告收费

按广告收费也是传统的盈利模式之一。目前比较普遍的是按点击次数收费,其形式具有多样性,例如网络横幅、图表广告以及多媒体动画等。几乎所有教育类网站都会提供一定数量的广告位,但是能够单独依靠广告来盈利的还只是少数具备品牌优势、能带来大流量以及高点击量的网站。该模式只能作为已经初步接受市场认可的互联网教育公司的附属盈利点,且难有创造性的增长,初创企业仅靠广告弥补巨额投入将难以为继。

3.技术服务

技术服务是指将互联网技术更好地应用于教学的全过程,进而提升互联网教育的用户体验。行业内技术提供商包括拓维信息、启明科技、科大讯飞、方直科技等是教育产业链内的重要一环,这些公司分别专注家校互动、学习信息化建设、提供语音视频工具、提供高速网络及终端等方面的技术支持。以语音技术应用覆盖各领域的龙头企业科大讯飞为例,在教育业务领域,该公司积极推广教育云平台、课堂教学软件、评价系统等产品在内的区域教育信息化整体解决方案。凭借一流的语音技术,该公司口语评测各项指标在教育评测领域大幅领先。虽然公司在教育教学领域的营业收入占比较小,但该部分的业务毛利、营收增速及毛利增速都十分可观。

4.咨询服务

咨询服务主要形式为在线对用户在学习过程中遇到的疑难问题,对出国留学、职业发展或考证等领域的困惑进行一对一个性化服务。该模式具有高互动性、针对性的特点。大多数在线咨询业务服务时间为 24 小时,因此在线咨询摆脱了传统教育机构面对面咨询的时间与地点的束缚,为用户提供巨大的便利。以立思辰为例,其控股子公司乐易考科技有限公司推出大学生就业领域的 APP,旨在为大学生提供就业咨询等各项具有群体和内容方面针对性的服务。咨询结合移动互联网的形式迎合了当下 5G 与智能手机普及、大学生就业难的局面,或将成为立思辰新的业务增长板块。

5.软件收费

软件收费是指为终端进行付费软件安装。行业内收费软件提供商包括方直科技、歌华有线、立思辰、数码视讯等。以方直科技为例,该公司主要产品为金太阳教育软件,包括学生教材配套软件、教师用书配套软件。

6.平台佣金

该模式是指对进驻平台的教育机构收取佣金,进而允许教育机构在平台上提供视频课程和学习资料,在为平台带来优质教学内容进而吸引用户的同时,实现了与缺乏网络资源但教学资源丰富的教育机构的互利共赢。对于互联网巨头旗下的教育品牌而言,平台分成是一种非常理想的模式。以淘宝同学为例,该平台现有开课吧、中公教育、优米、华图网校等 74 个入驻机构,大大充实了平台在 K-12、职场培训、兴趣爱好等领域的教学资源,进而将淘宝同学打造成一个深耕教育领域颇具延伸度的综合性平台。

四、互联网教育发展

(一)发展动力

党和国家高度重视教育信息化工作,提供系列政策支持和引导。在发布的《2011—2020 年教育信息化十年发展规划》和《中共中央关于全面深化改革若干重大问题的决定》等文件中均对教育的信息化建设做出明确部署。随着 Internet 及移动互联网技术发展,为教育技术和教育行业的发展提供了变革通道,慕课、教育 APP、电子书包云服务、翻转课堂纷纷出现。国家教育资源公共服务平台也开始试运行,提供统一用户注册、统一资源规范、统一交易结算、统一界面标识和就近服务,教育资源云服务具有海量、动态、自主、协同、演化等特性,横向上能够实现教育资源的共享,纵向上能够整合不同的教育资源,起到信息汇聚和交换的枢纽作用。

"互联网＋教育"在以下四个方面为教育带来机遇。

①优化教育资源配置,促进教育更加公平。

②尊重学生个体差异,满足学生个性化需求。

③突破学习时空限制,加快学习方式变革。

④变革原有教学方式,丰富学科课程内容。

(二)市场前景

1.政策支持

政策层面出台的利好消息也为狂热的资本注入一针"强心剂"。教育部等五部委联合下发《构建利用信息化手段扩大优质教育资源覆盖面有效机制的实施方案》提出全国基本实现各级各类学校互联网全覆盖,其中宽带接入比例达 50％以上。全面完成教育规划纲要和教育信息化十年发展规划提出的教育信息化目标任务。

2.市场规模

中国教育市场消费者主要集中的年龄段是 25 岁左右,这主要包括出生前孕妇教育、胎儿教育,0～3 岁婴儿教育、幼教教育,7～18 岁中小学教育和课外辅导,19～25 岁高等教育(含本科、研究生)、实习求职项目、海外交流项目、升学考试等。25 岁后的年龄段的教育主要为职业应试、技能培训和企业培训等。

(三)发展趋势

新技术不断催生新业态,互联网、移动互联网、多媒体等技术促进互联网教育在线化、可视化、自主化、个性化、互动化,让学生按需进行动态学习。而大数据、人工智能、虚拟现实技术已经开始推动对互联网教育模式的变革。

目前,"互联网＋教育"的发展有以下几种趋势。

1.互动化

只有强互动、售前售后完备才能真正做到成功转型。提供在线咨询、学习点评等服务可以提高学习效率。辅以线下学习提供支撑工具,如在线题库。练习知道工具类产品,才能做到真正互联网化。

2.定制化

定制化即数据化。个性化定制需求已经是大势所趋,传统机构线下教学受到人员素质和沟通成本的限制无法有效满足用户。百度推出"定制化"在线教育 APP 作业帮,当学生遇到不会的题目时,可以在作业帮通过拍照等方式上传问题并得到过程和答案,还可以观看知识点的点评视频。

通过线上内容输出,练习工具或者社交功能提供,对用户行为和需求进行数据挖掘,更容易完成"私人定制"式的内容和服务的推送。这需要有数据分析能力的教育机构和教育媒体更加紧密结合在一起,这样通过媒体所提供的数据,学习者能够得出更专业的解读,每个人都能获得需要的教育信息或知识。

3.场景化

未来的在线教育场景,除了传统个人计算机、手机、平板电脑,随着智能电视的发展,还会加入家庭客厅场景的变化,这给婴童教育和老年教育提供了很好的平台,也为切入家庭在线教育提供了可能。

4.移动化

移动 APP、微信等移动平台工具成为学习者随时可用的学习载体。以"年糕妈妈"为例,它利用具有高用户黏度的微信作为流量入口,提供高质量内容,用极低的边际成本形成社群,再完成商业转化,这种新媒体营销为机构提供一种全新的用户获取思路,还包括具有"熟人绑架"基因的朋友圈推广等。

5.标准化

获得 6000 万美元在线答疑产品"阿凡提"借鉴共享经济,帮助学生"呼叫"老师并进行"即时辅导",这种方式使其获得2亿用户。选择将课堂后作业辅导这个容易标准化环节互联网化是一个不错的切入点。同样,"好未来"集团下"猿题库"从中学生辅导书题库入手,用足够标准化的"练"和"测"切入"猿辅导"。辅导是教,题库是练和测,线下多年经验已经证明老师辅导是个成熟的商业模式,从哪一点切入是需要传统教育行业思考的事情。跨界思维不一定是要完全改变或标准化传统,先标准化可以标准化的部分,再进行精益测试也可。

6.游戏化、社交化

与传统教育行业相比,互联网教育在用户体验上存在着诸多劣势,例如缺乏与教师、同学的互动性,强制性缺失导致学习效率低下甚至学习行为中断等。在游戏化在线学习中,每一次知识学习如同打怪加血,然后不断积累勋章。社区化与粉丝化趋势慢慢出现,类似于在沪江网校、YY教育这样的平台之上将相同爱好的人群集聚成一个社区进行互动交流,通过自管理和UGC生成内容从而在学习之外会有更多商业机会得以发掘,最大限度地发挥长尾效应。而社交化对互联网教育行业的推动作用也是不言而喻的。以腾讯课堂为例,其依托腾讯社交属性具有天然优势。据腾讯Q4财报显示,手机QQ月活跃用户已达到5.76亿。同时,腾讯课堂是唯一具备深度社交基因的一个平台。腾讯课堂正是依靠腾讯这种强社交关系,让用户在学习过程中不仅可以通过QQ群交流学习心得,还可以通过视频进行面对面探讨。

第三节 "互联网＋环保"创新创业

一、电化学产氢

全球变暖以来极端气候频发,北极圈附近冰川大量融化。要减少碳排放量、缓解全球变暖危机,避免生态灾难和巨大的经济损失,碳达峰、碳中和是我们的必然选择。《2021年政府工作报告》指出要扎实做好碳达峰、碳中和各项工作，这意味着中国已正式将"碳中和"理念纳入顶层布局。

在新能源领域，氢气被视为一种来源广泛、绿色环保的清洁能源，能够有效减少碳排放量。如今，氢气在我们生活中的应用越来越普遍，氢呼吸机等医学产品已经表明氢气在机体修复和抑制衰老等方面有着良好效果，氢水杯的广泛使用也证实了富氢水的优良作用。越来越多的研究表明，氢气作为一种信号分子，在调节植物生长、增强其抗逆性方面也有显著效果。同时，由于氢气绿色安全的特点以及富氢水应用的经济性和便利性，加之目前氢气产品市场空白较大，氢气在农业生产上的应用前景十分广阔，或将为新型绿色农业的发展提供新的活力。

中华文明起自农耕，用五谷养育生命的先祖顺天时、量地利，教天下之民以稼穑，让中华血脉代代相承。发展至今，中国农业已经进入了一个新的发展阶段。但现代农业大量使用化肥和农药，由此导致了环境污染、土壤破坏、食品安全等现实问题，引起了生态环境恶化，对农业可持续发展构成严重威胁。将清洁能源——氢气与农业生产有机结合，不仅可以促进农作物生长、提高农作物品质、改善土壤环境，还能够加强环境保护、节能减排。同时，氢农业的发展积极响应了乡村振兴的政策方针。通过现代化、生态化的运营模式实现乡村经济的可持续发展和土地精细化管理；强化农业科技支撑，提质增效，推动传统农业转型升级；增加就业岗位，吸引和培养现代化农业人才，为乡村发展注入源源不断的活力。随着氢能源技术的不断发展完善，氢农业将成为未来绿色农业发展、可持续农业发展的重要方向之一。现有监测数据表明，自然水体溶解氢气的浓度范围为$0.4\sim3.5$ nmol/L，这对促进农产品生长的作用是微乎其微的。相关研究表明，20℃时，每升水最多可以溶解0.8mmol的氢气，因此通过电化学设备产氢来提高水体中的氢含量是关键。商业化的电化学产氢设备的核心部件为 Pt 基催化剂,但由于 Pt 基催化剂价格高昂,其在市场上并不能大规模推广。因此,寻找价格低廉、性能稳定的催化剂是电化学产氢设备的利润增长点。

拟成立的内蒙古净源科技有限公司以内蒙古师范大学化学与环境科学学院为技术依托,采用目前先进电化学技术,为市场提供低价的高效产氢催化剂。公司将依托科技、绿色发展为宗旨,以电化学产氢应用为突破口,主攻新型核心催化剂电极的研发。公司目标是力争在 5 年内实现相关市场占有领先和相关产品线的发展,为广大消费者提供价廉、高性能产品,最终确立公司在国内同类产品中的领先地位。

市场相关氢农业产品的关键部件是电化学产氢模块以及涂装催化剂,然而这部分的关键使用的却是国外催化剂(日本和美国技术占主流),其成本高、稳定差,制约了相关设备快速推广。但是本项目研制的催化剂,具有价格低廉、易操作、性能与 Pt 催化剂相媲美的优势,推广后将极大降低相关产品价格,具有一定市场竞争力。

目前,价格最低的大型电化学产氢设备售价约为 1.30 万元,农田灌溉设备销售价格几千元到几万元不等,设备售价过高使得广大需求人员的经济负担加重。通过本技术开发新型产氢催化剂将使富氢水灌溉系统价格大大降低,具有很强的市场竞争力。针对不同需求,富氢水灌溉系统价格可降低 30%~50%。若以中端家庭农场富氢水灌溉系统 5500 元/台计算,每年约产 2000 台,即可实现 1100 万元产值;高端农用方面,若以内蒙古自治区相关农场 2000 亩地计算,每一亩地配 1 台富氢水灌溉系统,每年共计 2000 台,每台 1.85 万元,可达 3700 余万元。远期估计,随着我国绿色农业的发展,以 8~9 亿农业人口为基础,如果加入氢农业相关消费,人均 500 元/年,将达到 4000 亿左右的产值。

本产品初期以专业定制与网络销售为主要渠道,针对农业公司、农户为福利产品进行包装与销售,随着产品生产量增加与技术改进,实现专业店面销售,同时联合大型种植和培养农作物的单位,扩展到更多的潜在客户群,也可以推行含富氢水的产品,从而取得更为广阔市场。

(一)公司简介

1.公司概述

内蒙古净源科技有限公司将以内蒙古师范大学化学与环境科学学院、内蒙古自治区绿色催化重点实验室为技术依托,采用具有自主知识产权的先进电化学技术,为市场提供低价的高效产氢催化剂。公司以依托科技,绿色、环保、洁净为宗旨,以电化学产氢应用为突破口,主攻在农业上的新型产氢设备核心催化剂的研发,为农业的可持续发展服务。

2.公司目标

公司目标是力争在 5 年内实现相关市场占据领先地位和相关产品线的发展,为广大消费者提供价廉、高性能产品,最终确立公司在国内同类产品中的领导地位。

3.组织结构

本公司将采用有限责任公司的形式,组织结构为直线职能制,在创业的初期,采用集体决策法,当公司发展壮大后,将引进董事会决策制,对公司的运营进行有效的管理。

(二)产品与服务

1.产品简介

(1)概况

基于 Pt 基催化剂成本高、使用失活的问题,Pt 基催化剂虽在热力学方面显示出较好的催化性能,但其耐久性问题还需要进一步加强。根据研究结果,相比之下 Ni-Co 催化剂在动力学上更具有优势,本项目实验团队开发了 Ni-Co 基掺杂产氢催化剂,以替代 Pt 催化剂使得设备成本降低,推动相关产业快速发展。

(2)产品主要性能

本团队研发的 Ni-Co 掺杂产氢催化剂具有优异电催化产氢性能，使用的是廉价金属或者少量贵金属，催化剂成本大大降低，设备整体费用大幅降低，近期达 20%～30%，远期随着技术进一步改进与工艺优化，可节约成本约 50%，催化剂的活性和耐久性也会得到提升。此产品使用富氢水灌溉绿色农田，可改善土壤微生物菌落结构，减缓土壤中有机物质的降解，从而大幅提高农产品的品质与产量。

(3)产品主要特点

本项目实验团队所使用的 Ni-Co 产氢催化剂成本低、综合性能比市售 Pt 催化剂性能更优良，产氢效率更高，可替代市场主流 Pt 基催化剂。

2.产品功能

本团队所使用的 Ni-Co 催化剂具有优异电催化产氢性能，满足产氢设备中催化剂及其电极的使用，进而高效率地产生富氢水，并将生产出的富氢水运用到农田当中。根据众多农田试验知，富氢水对农作物根系的生长有促进作用，可提高其抗病虫害的性能，提高农作物的果实品质与产量。

3.关键技术

研发的催化剂使用实验室相关制备工艺，简单、易推广，同时具有优异电催化产氢性能，只需使用廉价金属或者少量贵金属，即可实现与商业 Pt 催化剂相同的催化性能。

(三)市场分析

1.行业现状

近年来，化石能源消耗以及温室气体的大量产生出现了众多问题，寻找环保的新型能源成了目前备受关注的事情。目前我国能源已在不断转型，以氢能源为代表清洁能源突出重围，目前已陆续出现氢能源汽车、氢水杯、氢呼吸机等产品。为了实现我国乡村振兴与

2060年碳中和的任务,发展氢产业是一条优选路线,现在发展较迅速的是氢能产业,但氢农业行业目前未出现较成熟的体系。H_2植物学效应的研究显示,H_2在农业上具有广阔的应用前景。随着近几年来进行的氢气对植物影响的研究,在氢农业方面氢气的运用有了一定发展,人们便开始研究大规模农业富氢水制造技术和农业灌溉与滴灌产品。目前,比较成熟的气液混合水泵和纳米气泡新技术已经出现,但是相关产品在市场上还比较缺少。

2. 市场供需状况

(1)市场需求状况

氢农业涉及许多常用技术,例如氢灌溉、氢保护等技术,而这些技术使用的主设备所使用的是电化学产氢技术。商业化的电化学产氢设备的核心部件为Pt催化剂,而Pt基催化剂成本高,占到了整个产氢设备价格的1/3到1/2,而且以进口催化剂为主要供给。由此可见寻找价廉、性能稳定的产氢催化剂可以极大降低成本,是利润增长点。

(2)市场供给状况

目前,氢农业市场未形成相对成熟的技术与完整的体系。相关氢农业产品的关键部件是电化学产氢模块以及涂装催化剂,这部分的关键使用的却是国外催化剂(日本和美国技术占主流),成本高、稳定差,制约了相关设备快速推广。想要大力发展高效现代化农业,氢农业是一个有效解决农业种植和食品安全的新科技,目前的市场供给状况很难满足市场快速拓张的需求,因此亟待发展质量优异催化剂支持氢农业发展和相关氢农业相关产品的发明。

3. 客户分析

我国的"三农"问题一直是困扰国人的大难题,由于长期使用化肥造成的土壤板结问题,以及农残和激素超标对人们身体带来的巨大伤害,寻求绿色无污染,提高农作物产量与品质的植物生长调节剂的需求急速增加,氢水和氢肥由于其促进植物生长,提高农作物产量和品质的积极作用,得到广泛关注。中国是农业大国,农民基数大,农民按照人口结构 50％计算,将有近 8～9 亿人的市场需求。受益人群由大型农产品公司,可扩展到普通个体农户。

(四)公司商业策略

1.定价策略

以产品质量为核心,中端到高端的定价路线,在保证与市场产品同等质量时,核心催化剂使得自身产品价格较同类产品低,在价格上具有较大市场成长空间。

2.盈利模式

成交易型的盈利模式,由于产品比同类价格低,保证数量的销售,或可达到客观销售额度。

3.产品策略

本产品初期以系列小型灌溉系统产氢催化剂为主,结合本地指导操作,进行销售。然后结合消费群体的需求,进行不同功能产品的宣传。将本技术产氢催化剂推广到中端小型家用灌溉系统、高端大型灌溉系统等设备,形成由中端到高端产品的覆盖。

4.营销策略与推广方案

本产品初期以专业定制与网络销售为主要渠道,针对大型农业企业为福利产品进行宣传与销售,随着产品生产量增加与技术改进,实现专业店面销售,同时联合当地政府或村委等,进行科普、推广、宣传,扩展到更多的潜在客户群,从而取得更加广阔的市场。

(五)风险对策

1.资金风险及规避方案

公司将实行资金统一调度管理,拓宽筹资渠道;加强预算管理,推行责任成本核算;及时办理结算,降低外欠款风险;加强会计基础工作,提高财务人员财务风险意识。

2. 技术风险及规避方案

风险:目标群体不信任产品,存在认知风险等。

规避方案:科学宣传与科普普及。

3. 市场风险及规避方案

风险:来自于商家规定要求的推广和实施效果以及同行业的竞争。

规避方案:密切注意行业发展动态,适时做出目标任务量和业绩量的调整;加强项目成果质量控制,以优质的服务赢得市场。

4. 环境风险及规避方案

风险:催化剂开发与制备过程中有部分三废化学品。

规避方案:实验室已配有废物回收与利用设备;拟成立公司相关部门,为其配备相关废物回收与利用设备,以满足日常环境治理。

5. 管理风险及规避方案

风险:参与人为在校学生,管理经验严重欠缺。

规避方案:团队成员不断学习,提升管理能力;指导教师有丰富的产业落地经验,在管理模式上指导;团队成员毕业后可以从事全日制管理模式。

二、多孔碳吸附剂

自工业革命以来,大气中的 CO_2 浓度不断上升,已增加到今天的 400mg/L,温室气体已经对地球产生了严重的负面影响,过度的 CO_2 排放导致全球变暖并引发冰川融化,以及极端天气等无法抑制的自然灾害。农业、采矿业、建筑业等对于气温敏感的经济部门也将因此受害,据统计每增加 1 万亿吨 CO_2 排放,全球每年因劳动生产率下降造成的损失占全球 GDP 的 2%。

多孔碳吸附剂是一种重要的方式和手段,其多孔碳材料不仅可以吸附化工厂烟道气中的 CO_2,在餐饮行业 VOC 吸附、甲醛吸附、食品脱色、医疗行业、电极材料等方面发挥着重要的作用。近年来需求量高达 51.90 万吨,市场规模达到 91.68 亿。开发多功能领域的多孔碳材料需要大量廉价的前驱体。随着社会的发展和环境的要求,减少污染、降低消耗和改善生态的各类绿色技术(例如开发氢能源、开发纳米材料、研究超级水稻等)在不断的发展壮大,化石燃料仍然作为一种主要能源,人类无法在短期内对其停止依赖,因此寻找可替代的可再生资源迫在眉睫。国家发展改革委、国家能源局等 9 部门联合印发《"十四五"可再生能源发展规划》,在短短 10 年内夯实能源转型基础,一方面,可再生能源发展势必"以立为先",进一步换挡提速,成为能源消费增量的主体;另一方面,可再生能源既要实现技术持续进步、成本持续下降、效率持续提高、竞争力持续增强,又要全面实现无补贴平价甚至低价市场化发展。

本项研究在技术领域攻坚克难,研发出一种绿色经济、可再生的生物质多孔碳吸附剂。利用牛粪作为前驱体,避免了直接燃烧利用导致的空气污染情况。考虑到牛粪微观结构复杂,杂质和灰分含量高,质量重现性差且很难适用于高性能领域,因此通过简单的预处理,调节其组分含量制备出新型高性能碳质吸附剂,实现高比表面积,可调控的孔结构及理化性质,并使其具有优异的吸附性能,良好的热稳定性和较高的机械强度。

因产品存在大量的微孔及活性位点使得吸附剂表面存在未饱和的分子引力,从而与化工厂烟道气中的 CO_2、污水中的有机污染物、新屋装修时的甲醛发生吸附反应,因此只需将材料放置于燃煤电厂、钢铁冶金、水泥建材和石油化工等大型工业烟道气中就可以降低有害气体的浓度。因为生物质多孔碳材料对二氧化碳的吸附为物理吸附,因此当二氧化碳吸附量达到上限时,只需通过高温脱附二氧化碳气体,便可重新投入使用。不光如此,产品存储方便、技术简单、易操作、成本低并且可以实现大面积制备,这些都有利于该生物质(牛粪)多孔碳吸附剂产品在实际生活中的应用。

(一)市场痛点分析

1.市场问题描述

目前,市场上的多孔碳材料主要是以有机物为前驱体制备的,一方面以有机物为前驱体的多孔碳制备成本高于生物质废弃物原料制备的多孔碳,另一方面有机物会造成环境的二次污染。基于经济与环境效益的角度,开发可再生的生物质能源对技术突破和循环经济具有重要意义。

2.市场原因分析

有机物中丰富的有机配体使得其非常适合作为合成多孔碳的碳源,并且化学活化法、物理活化法、碳化法、水热碳化法等合成方法提供了以有机物为前驱体的多孔碳吸附剂更多的可能性,并可以通过优化制备出理想的功能材料。但因此也产生了不可逆的环境污染。

3.市场规模

①多孔碳材料行业着力推进行业内的转型升级,依靠技术创新、产品升级,全行业经济运行总体平稳,规模以上企业主要运行指标保持增长,供不应求,截至 2021 年即达到 500 亿的市场规模。

②温室效应不仅是中国所面临的问题,更是全球面临的环境问题。据调查,中国二氧化碳排放量于 2006 年已超过美国,位居世界第一,而且近几年来中国的二氧化碳排放量在持续增加,2012 年全年排放量达到 8106.43 百万吨。我国 2021 年 CO_2 排放量已达到 113 亿吨,其中,仅石油和化工行业排放的 CO_2 总量就高达 13 亿。因此,2030 年以前,CO_2 排放量将不再增长,已经达到峰值。因此,2060 年前达到碳中和是十分艰巨的任务。基于此,生物质(牛粪)多孔碳吸附剂市场需求量将会持续增长。

(二)产品介绍

1.产品技术

项目指导老师及团队成员多年研究的生物质多孔碳吸附剂已在

国际杂志上发表了多篇学术论文,在论文中深度研究了该类产品的反应机理和成孔机理,探索该类产品在 CO_2 吸附中的构效关系,并通过对生物质多孔碳吸附剂孔道结构的调整和表面官能团的改变,制造出高效的 CO_2 吸附剂。因此,以牛粪生物质为前驱体制备多孔碳材料被应用于 CO_2 吸附具有可实施性。另外,专利《一种利用牛粪制备多孔碳材料的方法及其应用》也正在申请中。实验室已经具备多个制备生物质多孔碳吸附剂的工艺设备,可以在实验室进行产品小试。实验室也与山东九洲安全技术有限公司内蒙古分公司及呼和浩特市中环环卫服务有限公司有合作意向。

2. 产品优势

（1）成本低，环境友好

成本低至 200 元/千克,将牛粪废弃物资源化利用转化为高附加值产品的同时可避免产生空气及土壤污染。

（2）化学性能稳定

耐高温,耐酸碱,化学稳定性强。

（3）高的 CO_2 吸附容量

以生物质牛粪为前驱体利用活化法、直接碳化法或模板法进行改性从而进一步产生多孔结构,并可以通过选择化学活化剂或改变活化参数来进一步控制碳的表面积和孔径分布,其 CO_2 吸附容量高达 91.8mmol/g。

（4）可在常温下使用

无需高温条件即可使用。

(三)商业模式

1. 原料收集

可以采取小分散的方法,利用政府惠农补贴在靠近农场的地方建设加工设施,以方便原料的储存。通过与养牛场签订长期合同来提高收集效率,从而降低成本。

2.粗加工

将原料搜集的牛粪加工成粉末状多孔碳原料。

3.深加工

即造粒工艺,将粉末状的多孔碳加工成颗粒状,方便工业上的使用。

4.销售及安装

本产品应充分与环保公司配合进入市场。因原料来源广、加工成本低、吸附能力强而具备市场竞争优势。

(四)风险分析及应对

1.技术风险

风险分析:产品研发力度不足,同类新技术、新产品出现,市场竞争力大等。

应对措施:加大产品研发速度和力度,保持先进性,吸收前沿技术,顺应市场发展趋势,使本产品在市场竞争中处于优势地位。

2.市场风险

风险分析:产品市场容量小,受众面窄,不被信任等。

应对措施:不断调整和健全产品研发机制,保持与时俱进的创新精神。

3.资金风险

风险分析:随着产品生产规模的扩大,无法继续提供资金的筹资的风险。

应对措施:实时进行财务监测,以市场为导向,进行"产—销"预算。

三、电降解

(一)产品/服务

1.产品简介

(1)概况

工业尿素合成的废水、过度使用的农田肥料以及人和动物的尿液中都含有丰富的尿素$[CO(NH_2)_2]$,而尿素废水一直都被视为环境中常见的污染物。尿素发生水解会生成氨,氨会在硝化作用下可能会生成不稳定的中间产物NO_2,从而导致空气污染。内蒙古尿素生产得到了快速发展主要依托丰富的煤炭资源,但是由于我国宏观经济下行压力较大,造成了全国化肥产能过剩。这种供大于求的现象可能造成生产的尿素无法都得到充分的利用,进而可能造成大气、河流以及湖泊的污染。基于尿素废水带来的危害非常严重,因此对尿素废水进行降解是迫在眉睫的。然而,尿素污水处理的降解效率低和降解时间长等问题的存在一直是尿素废水污水处理领域的痛点,本项目团队开发了多种可以提高降解效率和降低成本的尿素降解催化剂,致力于推动污水处理节能降耗方向相关产业的快速发展以及提高废水的回收利用率。为满足市场需求,团队经过多年的努力,通过采用不同的制备方法研发出了硒化镍催化剂应用于尿素电化学降解产氢设备。

(2)产品主要性能

研发的催化剂主要涂装在阳极降解尿素废水的电极上,可以明显地提升尿素降解效率。同时,催化剂的降解性能和使用寿命都优于目前很多报道过的尿素降解电催化剂。另外,高降解性能催化剂的使用可以大幅降低整体设备的消耗成本。

(3)产品主要特点

催化剂的研发采用环境友好型材料,研发成本低,降解性能显著,可以作为市场主流的尿素降解催化剂。

2．产品功能

低成本的过渡金属基催化剂具有优异的尿素废水降解性能,可以应用于尿素降解产氢设备。

3．产品选型

依据降解尿素废水的总量可划分成实验室小型尿素废水处理产氢设备,农业中型尿素废水处理产氢设备以及工业大型尿素废水处理产氢设备。需要注意根据尿素废水的浓度设计催化剂的用量和降解电极的面积大小。

4．关键技术

秉持绿色合成的理念,通过使用对环境友好的材料进行合成高效的尿素氧化 3D 结构催化剂。制备工艺简单,易于大批量制备。使用制备技术有冻干技术、高温煅烧技术和化学气相沉积技术(CVD),其操作简单,易于控制催化剂的形貌,提高催化剂结构稳定性。

5．目标市场

尿素废水处理产氢设备主要针对一些当地的尿素生产工厂,农业种植产生的尿素污水及一些人类和动物的尿液。

内蒙古一共有 267 家化肥生产工厂,每天的加工生产会产生大量的富含尿素的废水,但目前使用的尿素降解设备存在着成本高、使用时间短等问题。然而,此项目研发的尿素废水处理产氢设备在运行费用、处理效果、占地面积和环境友好等各项指标均显示出领先优势。

农业种植产生的尿素污水主要来源于农户为了提高种植产量,会施加过量的尿素肥料,这也会造成大量尿素废水的产生。这些废水未经处理排放到河流中,将对当地人的居民用水产生污染。针对这一现象,可以将中小型尿素废水处理产氢设备定点安放,对尿素污水进行有效处理。

另外可以在一些公共场所(例如医院和商场)建立一些小型尿素废水处理产氢设备来用于处理废弃的尿液。

6.竞争优势

尿素废水处理产氢设备具有占地面积小、降解效果显著、技术性能稳定可靠的优势,同时还可以产生新型能源氢气应用于燃料电池。在价格方面,为打造良好的品牌形象和开拓市场,此项目一直采用在扣除生产成本和消耗的人力的基础上采用最低报价。在服务方面,团队坚持走"星级品质、实事求新"的质量方针路线,发展尿素污水处理事业。为客户提供实时快捷的问题沟通和解决方案,产品和服务质量都远高于同行。

(二)行业及市场情况

1.行业现状

水污染治理要求迫切,污水处理与污水资源化市场巨大,我国水污染治理水平还较为落后,治理任务仍相当艰巨,加快水污染治理的要求依然十分迫切。国务院印发的《水污染防治行动计划》中指出,预计国家将投入 2 万亿元资金并带动近 5 万亿元资金来进行水污染治理。在此背景下,中国未来的水处理设备市场前景十分广阔。

近年来,我国水污染事故开始进入高发期。水污染事故的频繁发生越来越多地牵动公众神经。企业也开始加大治理废水力度,开始选择和安装一些高效处理设备。污水处理设备市场的巨大需求已经被调动,在一定程度上推动了污水治理行业的快速发展。

2.市场供需状况

(1)市场需求状况

随着我国国民经济的快速持续发展,市场上对电化学水处理设备的需要量不断增加。该项目的实施符合国家《产业结构调整指导目录》的产业政策,电化学水处理设备将在国内外市场上有广阔的畅销空间,发展前景良好,市场潜力巨大。因此对于尿素废水处理产氢设备的建设是废水处理行业的新机遇。

（2）市场供给状况

目前,市场上采用的尿素废水处理技术主要有热力学水解法、脲酶水解法、生物水解法、电化学降解四种。热力学水解法,将尿素废水置于具有高温、高压条件的水解塔中,使得 $CO(NH_2)_2$ 转化成 NH_3 和 CO_2,然后进行回收,但该技术能耗大、运行成本高,仅适用于超高尿素浓度的污水处理。加化学药剂氧化废水,需要投入大量的人力、物力,而且产物很难控制。脲酶水解法,虽然脲酶水解法处理效果好,但该技术还很不成熟,脲酶的分离、提纯、固定化方法等技术流程需要进一步研究,高昂的操作费用也限制了其在污水处理中的应用。生物水解法,通过微生物的作用以达到去除尿素的目的,但在处理高浓度尿素时,欲将尿素态氮无害化,污水中需含有足够的有机物,否则因为需要投加大量的有机物以维持反应器的正常运行,进而增加运行成本。其他技术都存在着自身局限性,这使得电化学降解技术脱颖而出。电化学降解是一种高效、稳定的环境友好型水处理技术,具有工程应用广阔的推广前景。虽然存在电能消耗大的问题,但内蒙古具有丰富的太阳能和风能可以产生大量的电能,但是太阳能和风能发电存在间歇性,例如太阳能一般是中午会产生大应用于电解富含尿素废水,这是将地域资源再利用,减少了资源的浪费。

（3）市场销售有无行业管制,公司产品进入市场的难度分析

市场具有广阔的发展空间,污水资源化成为行业增长新动力,污水资源化利用是指污水经无害化处理达到特定水质标准,作为再生水替代常规水资源,用于工业生产、市政杂用、居民生活、生态补水、农业灌溉、回灌地下水等,以及从污水中提取其他资源和能源。污水资源化利用对优化供水结构、增加水资源供给、缓解供需矛盾和减少水污染、保障水生态安全具有重要意义。目前,我国污水资源化利用尚处于起步阶段,发展尚不充分。这使得本团队的产品进入市场的难度减弱。

(三)风险控制

1.政策、法律风险

风险:我国目前还缺少一部完整的污水处理相关的特许经营方面的法律,而且现有的法律具有太多的不确定性,而污水处理项目投资大、投资回收期长、牵涉面广,有待政府给予各方面的政策支持和法律保障。

规避方案:项目实施之前要请教专业人士多了解污水处理法律相关知识,尽最大可能避免触犯法律的不良后果。

2.技术开发风险

风险:技术开发过程中存在失败的可能或达不到预期的降解效果。

规避方案:时刻注重科技前沿的产品和我们的产品相结合,不断提升产品性能,多向本领域的专业人士请教。

3.经营管理风险

风险:成本不能控制在预期范围内、不能实现盈利的可能性。

规避方案:在投资前要调查好购买材料实际的价格,要做到精准预算。

4.意外风险

风险:指一些在实际降解过程中一些由天气造成的自然灾害以及一些断电、催化剂用量不够等人为原因。

规避方案:降解前要做好对当天的天气、环境做好调查,准备好一些因为断电、催化剂用量不够时的备用方案。

参考文献

[1] 明莉. 大学生创业意识培养研究[D]. 重庆：西南大学, 2009.

[2] 钱昊. "两课"教学培养大学生创新意识研究[D]. 南京：南京师范大学, 2004.

[3] 王萌. 大学生创业精神培养研究[D]. 南京：南京理工大学, 2015.

[4] 王萍. 地方本科院校创业教育研究[D]. 济南：山东师范大学, 2009.

[5] 王婉萍. 大学生创业教育及保障体系的研究[D]. 杭州：浙江大学, 2006.

[6] 许德沛. 大学生创新创业教育研究[D]. 济南：山东大学, 2013.

[7] 张静静. 当代美国大学创业教育课程改革及其启示[D]. 曲阜：曲阜师范大学, 2013.

[8] 吴爱华, 侯永峰, 郝杰, 等. 以"互联网＋"双创大赛为载体深化高校创新创业教育改革[J]. 高校生物学教学研究, 2017(1)：3-7.

[9] 问道, 王非. 思维风暴[M] 北京：中国华侨出版社, 2015.

[10] 景宏磊, 李海婷. 创新引领创业：大学生创新创业教程[M]. 东营：中国石油大学出版社, 2016.

[11] 李建峰. 企业管理实务[M]. 北京：北京理工大学出版社. 2016.

[12] 杨凤. 创业理论与实务[M]. 北京：清华大学出版社, 2014.

[13] 通识教育规划教材编写组. 大学生就业与创新创业教程（慕课版）[M]. 北京：人民邮电出版社, 2017.

[14] 冯江华, 陈蓓蕾. 创业意识与创业技巧[M] 北京：高等教育出版社, 2017.

[15] 夏晓军, 张宝臣. 大学生创业教育教程[M]. 2版. 大连：大连理工大学出版社, 2014.

[16] 李政. 创业基础[M]. 北京：高等教育出版社, 2015.

[17]鲁加升.大学生创新创业基础[M].上海：上海交通大学出版社,2016.

[18]王培俊.职业规划与创业体验[M].2版.北京：高等教育出版社,2014.

[19]刘平.大学生创业基础[M].北京：机械工业出版社,2013.

[20]阳飞扬.从零开始学创业大全集[M].北京：中国华侨出版社,2011.

[21]侯文华.大学生创新创业教育教程[M].北京：科学出版社,2012.

[22]丛子斌.创新创业教育[M].北京：高等教育出版社,2016.

[23]焦雨梅,冉隆平.大学生创业教育[M].北京：航空工业出版社,2013.

[24]肖俭伟.大学生职业发展与就业创业教程[M].北京：北京出版社,2008.

[25]由建勋.创新创业实务[M].北京：高等教育出版社,2016.

[26]赵永新.创业管理[M].北京：清华大学出版社,2014.

[27]张少平,杨俊.创业实务[M].广州：华南理工大学出版社,2012.

[28]马春文.发展经济学[M].北京：高等教育出版社,2010.

[29]陈世君.创业教育视角下的思想政治教育创新研究[D].南昌：南昌大学,2010.

[30]孙素华.思想政治教育在大学生创业教育中的作用研究[D].郑州：河南农业大学,2011.

[31]刘蓓蓓."双创"背景下大学生创业精神培育研究[D].济南：山东大学,2016.

[32]林凯雯.大学生创业政策、创业机会原型对创业意愿的影响研究[D].杭州：浙江理工大学,2016.

[33]俞使超.创业维持视角下的高校创业教育改进策略研究[D].杭州：浙江理工大学,2016.

[34]韩峰.加强大学生创业教育的实效性研究[D].太原：中北大

学,2016.

[35]许聪.大学生创业成效影响因素实证研究[D].南京:南京大学,2016.

[36]胡月.双创背景下创业教育课程的研究[D].重庆:重庆师范大学,2016.

[37]彭琴.21世纪美国高校创业教育发展研究[D].上海:华东师范大学,2016.

[38]陆玉蓉.大学生创业教育实施现状的案例研究[D].上海:华东师范大学,2016.

[39]王晓彬.经济新常态下促进大学生就业问题研究[D].南宁:广西师范大学,2015.